JEAN GENET

CRIMINALITÉ ET TRANSCENDANCE

STANFORD FRENCH AND ITALIAN STUDIES

volume LV

DEPARTMENT OF FRENCH AND ITALIAN
STANFORD UNIVERSITY

JEAN GENET

CRIMINALITÉ ET TRANSCENDANCE

GISÈLE A. CHILD BICKEL

1987
ANMA LIBRI

Stanford French and Italian Studies is a collection of scholarly publications devoted to the study of French and Italian literature and language, culture and civilization. Occasionally it will allow itself excursions into related Romance areas.

Stanford French and Italian Studies will publish books, monographs, and collections of articles centering around a common theme, and is also open to scholars associated with academic institutions other than Stanford.

The collection is published for the Department of French and Italian, Stanford University by Anma Libri.

© 1987 by ANMA Libri & Co.
P.O. Box 876, Saratoga, Calif. 95071
All rights reserved.
LC 87-71801
ISBN 0-915838-71-0
Printed in the United States of America

Remerciements

Ma reconnaissance va en particulier à Josué Harari. Ses commentaires, critiques, et suggestions m'ont constamment guidée dans la rédaction de ce texte. Je voudrais également remercier Pierre Saint-Amand pour sa lecture attentive et ses excellents conseils, Alice Child pour son aide inestimable dans mes travaux de révision, Katarina Kivel pour le soin qu'elle a mis à éditer cet ouvrage, et Kathleen et F. William Mc Elroy pour leurs précieux encouragements.

La publication de cette étude a été facilitée en partie par une donation du Collège Loyola.

A ma famille

Table des matières

1. Genet et ses critiques

"Un faiseur de romans et un poète de théâtre est un empoisonneur public, non des corps, mais des âmes des fidèles". Cette citation du moraliste janséniste Nicole déclencha la "Querelle des Imaginaires" au dix-septième siècle. Si nous la reprenons, c'est qu'elle nous semble situer admirablement le noyau de la problématique suscitée par l'oeuvre de Genet: la question morale. Sans doute, la nature scandaleuse des écrits de Genet soulève presque automatiquement la question de la moralité ou de l'amoralité de son oeuvre, de sorte que nous ne pouvons nous étonner si toute critique constitue une accusation ou un plaidoyer contre ou en faveur d'elle.

Dès 1949, Jean-Jacques Gautier, Gabriel Marcel et François Mauriac s'alarmaient du "cas Genet" et de l'empoisonnement moral qui se dégageait de son oeuvre. Mais ce n'est qu'avec la parution de l'oeuvre monumentale de Jean-Paul Sartre, *Saint Genet, comédien et martyr* que nous avons une critique systématique. Premier ouvrage entièrement consacré à l'auteur, ce livre d'une grande richesse délimite le champ où se joue tout débat critique postérieur qui prend, à maints égards, la forme d'un dialogue avec Sartre. Paradoxalement, Sartre soutient que les écrits de Genet ont, simultanément, un effet nuisible et bénéfique. Dans un sens, le livre de Sartre semble illustrer la thèse de Nicole: les écrits de Genet, dit-il, ont un effet corrupteur et doivent être considérés comme des actes d'agression dirigés contre la société; d'autre part, ils ont un effet bénéfique puisqu'ils dénoncent la corruption, le mal qui caractérisent notre société. Cette double postulation est reprise, remaniée, par toute la critique qui suit *Saint Genet*:

chez McMahon[1], par exemple, l'accent se porte sur l'aspect négatif tandis que chez Goldmann, c'est l'aspect positif qui est souligné[2]. Mais partout, la stratégie est la même: rendre l'oeuvre socialement acceptable en lui attribuant une valeur positive, ou, au contraire, constater son effet corrupteur et la rejeter, l'expulser.

Notre intention n'est pas de retracer chronologiquement l'histoire des réactions, positives ou négatives, suscitées par l'oeuvre de Genet. Ce travail d'érudition a déjà été fait par Richard Coe dont le livre *The Theater of Jean Genet: A Casebook* reproduit les principaux articles

---

[1] Joseph McMahon, *The Imagination of Jean Genet* (New Haven: Yale University Press, 1963). L'étude que McMahon consacre à Genet est organisée autour de l'idée que Genet est notre ennemi et son oeuvre une attaque contre le lecteur.

[2] Lucien Goldmann a publié plusieurs articles sur Genet. "Une pièce réaliste: *Le Balcon* de Jean Genet" (*Temps Modernes* 15.171 [juin 1960] 1885-93), "Microstructures dans les 25 premières répliques des *Nègres* de Jean Genet" (*Modern Language Notes* 82.5 [décembre 1963] 531-58). Nos commentaires porteront surtout sur l'article qui développe avec le plus d'ampleur l'approche de Goldmann: "Le théâtre de Jean Genet et ses études sociologiques" (*Cahiers Renault-Barrault* 57 [Paris: Gallimard, 1966]).

"La littérature est, par essence, la subjectivité d'une conscience en révolution permanente". Cette définition que Sartre nous donne dans *Qu'est-ce que la littérature?* pourrait néanmoins servir d'approche à la critique de Lucien Goldmann si nous remplaçons "conscience" par "conscience collective". Pour le critique socio-marxiste Goldmann, nous disons donc que la littérature est, par essence, la subjectivité d'une conscience collective. Pour Goldmann, la "vérité" du texte ne doit pas être cherchée thématiquement puisque la portée de l'oeuvre dépasse de beaucoup les intentions conscientes de l'auteur, mais dans ce que Goldmann appelle les "structures catégorielles" ou structures mentales qui régissent la conscience collective qui, elle, produit l'oeuvre littéraire. Pour Goldmann, le théâtre de Genet reflète l'expérience d'un groupe, celui du sous-prolétariat et du monde de petits voleurs et homosexuels auquel Genet appartient. Les cinq pièces de Genet, *Haute Surveillance, Les Bonnes, Les Nègres, Le Balcon* et *Les Paravents* expriment "dans cet ordre de succession une seule et même problématique de plus en plus riche, de plus en plus complexe, mais aussi de plus en plus unitaire" (p. 97). Cette problématique est celle du rapport entre dominants et dominés, rapport dialectique constitué de haine et de fascination. Goldmann voit chez Genet un mouvement progressivement orienté vers l'action, ce que l'activité politique ultérieure de Genet semblerait confirmer. Il s'agit moins ici de libération, espèce de catharsis ou de cure psychanalytique à travers la littérature, comme l'avait interprété Sartre (Sartre avait déjà repéré cette progression en signalant le passage de l'homosexualité passive au "casse" puis à la littérature comme acte révolutionnaire), que de constater le reflet d'un optimisme qui se manifeste dans la gauche, à l'époque où l'oeuvre fut écrite. *Les Paravents* sont l'aboutissement de ce mouvement: ils constituent une rupture avec les autres pièces dans le sens qu'ils mettent en scène, pour la première fois, un "héros", Saïd, qui réalise les valeurs de la pièce en dehors du rituel.

ou écrits publiés à l'époque de la parution ou de la représentation des oeuvres de Genet. Nous voudrions plutôt dégager l'attitude de base qui sous-tend les études critiques consacrées à Genet. Dans ce but, notre analyse porte sur les textes consacrés à Genet par Sartre et Derrida et sur l'article de Georges Bataille, qui nous a paru d'une importance capitale.

Le livre de Jean-Paul Sartre, *Saint Genet, comédien et martyr* se situe au croisement de l'existentialisme et de la psychanalyse[3]. Comédien, Genet l'est car il ne fait que jouer le rôle d'acteur du mal depuis le jour qu'enfant, il fut surpris en train de voler; martyr, parce qu'il appartient à un groupe d'êtres quasi prédestinés à devenir les boucs émissaires de la société; et Saint, parce qu'il pratique l'ascèse, le mépris du corps et le refus de l'ordre humain.

Le cas Genet appartient à "l'antiphysis" (notons l'ironie du terme fils naturel): enfant illégitime, il est abandonné par sa mère et recueilli par l'Assistance Publique; il n'a donc pas de famille. Elevé par des paysans, c'est-à-dire dans un milieu où l'avoir et l'être se confondent, Genet mime le geste du propriétaire pour se donner l'illusion d'être comme les autres. Voici qu'on le surprend: son identité est fixée pour toujours. C'est à ce point que surgit, dans l'analyse de Sartre, le concept de "trauma" qui fait qu'à un temps linéaire, successif, se substitue un temps clos, mythique. Toute la vie de Genet ne sera plus qu'une répétition (théâtrale) de l'expérience de l'horreur devant le mot vertigineux de "voleur". La vie de Genet n'est en fait qu'une mort puisqu'il y a, désormais, paralysie absolue de la liberté. Genet, c'est la priorité de l'objet sur le sujet, c'est celui qui s'est laissé définir par la parole de l'Autre, et donc, dont l'essence précède l'existence.

Dans l'analyse d'une phrase de Genet: "le jardinier est la plus belle fleur de son jardin", nous trouvons, résumé, l'essentiel du discours que tient Sartre sur lui. Si, au commencement, Genet est un être-pour-autrui, il aboutit, grâce au vol et à sa vocation d'écrivain, à la coincidence de l'en-soi et du pour-soi. Or, pour Sartre, toute connaissance doit passer par la médiation de l'Autre, et donc, Genet ne peut être simultanément sujet (jardinier) et objet (fleur) d'un culte ou d'une floriculture. Cette fusion n'est qu'une confusion, une fausse fusion, de sorte qu'il n'est pas étonnant que Genet se caractérise par

---

[3] Jean-Paul Sartre, *Saint Genet, comédien et martyr*, in *Oeuvres complètes de Jean Genet* I (Paris: Gallimard, 1970). Nous employons l'abréviation *SG* suivie directement de la page en chiffre arabe.

la fausseté. En voulant se soustraire à l'esclavage et à la dépendance vis-à-vis de l'Autre (il n'est jamais question de réciprocité chez Genet), celui-ci aboutit à l'introversion, c'est-à-dire aux diverses figures du repli sur soi que sont le narcissisme, l'onanisme et l'homosexualité.

Sartre repère trois étapes dans son adhésion au mal grâce auxquelles Genet passe de l'essentialisme à l'existentialisme. Première conversion au mal: Genet franchit une étape en décidant de faire ce que les Autres l'accusent d'être: il se fait voleur. Deuxième conversion: l'esthète. Genet fait subir une métamorphose à la réalité au moyen de jugements magnifiants; ainsi, le monde est changé par l'imaginaire. Troisième conversion: Genet réalise les gestes de la phase esthétique par son travail d'écrivain. A l'intérieur des grandes articulations mentionnées, nous trouvons des étapes secondaires: la phase poétique, où Genet écrit des vers, constitue un stade intermédiaire entre le recours à l'imaginaire de la phase esthétique et le travail du prosateur, travail actif où s'affirme la liberté souveraine de l'auteur, du *créateur*.

Nous savons, depuis la publication de *Qu'est-ce que la littérature?* que pour Sartre la tâche du poète est plutôt passive ("les poètes sont des hommes qui refusent d'*utiliser* le langage"), tandis que le travail de l'écrivain est un acte qui l'engage ("Nommer c'est montrer et montrer c'est changer")[4]. Si écrire est un acte, le type d'acte que pratique Genet et qui caractérise son écriture est le crime (un des chapitres de *Saint Genet* s'intitule "Des Belles Lettres considérées comme un assassinat"). Ainsi, pour Sartre, la création littéraire de Genet constitue un acte révolutionnaire qui mine les fondements de notre société et met en question la participation du lecteur.

Chez Genet, la nature scandaleuse de l'oeuvre met tout lecteur, tout critique, en position défensive. Nombreuses sont les tentatives qui ont pour but de justifier positivement l'oeuvre. Sartre lui-même n'y échappe pas, comme nous l'avons déjà constaté. Aussi éprouve-t-il une certaine gêne, un besoin de justifier son entreprise: "Mon casier judiciaire est vierge et je n'ai pas de goût pour les jeunes garçons" (*SG* 646). Pourtant, dit-il, je lis Genet, ses écrits me touchent. La critique la plus libérale prend aussitôt une allure singulièrement morale, le travail de l'écrivain acquiert la valeur d'une réhabilitation sociale. "Le contenu de ces imaginations est *moral*: moraux les commentaires qui s'y attachent"—écrit Sartre (*SG* 623). Rappelons que

[4] Jean-Paul Sartre, *Qu'est-ce que la littérature?* in *Situations II* (Paris: Gallimard, 1948), pp. 67, 129.

la fonction sociale de l'écrivain, telle qu'elle est définie dans *Qu'est-ce que la littérature?* est de se maintenir en perpétuel conflit avec les forces conservatrices et de tenter de bouleverser l'équilibre qu'elles maintiennent. Genet devient donc notre conscience malheureuse, son oeuvre un réquisitoire contre une société trop conformiste, contre un capitalisme inhumain. Et pourtant, Sartre dit aussi que "lire Genet c'est se faire *penser par l'Esprit du Mal* en complicité avec lui" (*SG* 573). Genet lui-même déclare qu'il nous parle en ennemi: "Souffrez donc qu'un poète, qui est aussi un ennemi, vous parle en poète, et en ennemi"[5].

Quel critique oserait prendre à son compte ce que Genet, dans *L'Enfant criminel* nomme son "goût de l'aventure contre les règles du Bien"? (*OC* v.386). Comment Genet peut-il jouer le rôle de conscience malheureuse lorsqu'il écrit que les pénitenciers "sont bel et bien la projection sur le plan physique du désir de sévérité enfoui dans le coeur des jeunes criminels" (*OC* v.383)? L'approbation de Genet serait-elle feinte? Dans une interview avec Hubert Fichte, qui date de 1976, il réitère ce qu'il disait il y a trente ans lorsqu'il se plaignait des réformateurs qui voulaient abolir les bagnes d'enfant: il ne veut pas que la société change pour pouvoir se permettre d'être contre tout le monde[6].

En dépit de l'acharnement de la part de Genet à nier tout but réformateur, Sartre voit dans son oeuvre un prétexte à une leçon qu'il n'hésite pas à nous faire. Si le contenu de l'oeuvre de Genet n'est pas moral, du moins, Genet est toujours "moraliste"[7]. L'effet de ses écrits est toujours, en fin de compte, positif, puisqu'ils jouent le rôle de conscience sociale du lecteur. Que l'oeuvre de Genet soit envisagée comme commentaire sur l'homme, comme révélatrice d'une structure universelle

[5] Jean Genet, *L'Enfant criminel*, in *Oeuvres complètes* v (Paris: Gallimard, 1981), 388. Toutes les références à Genet renvoient, sauf indication contraire, aux *Oeuvres complètes* publiées par Gallimard. Nous indiquons le tome en chiffre romain et la page en chiffre arabe.
[6] L'interview avec Hubert Fichte est publiée à la fin du livre *Genet: A Collection of Critical Essays*, ed. Peter Brooks and Joseph Halpern (New Jersey: Prentice-Hall, 1979).
[7] Jean Cocteau, qui découvrit Genet et l'introduisit au monde littéraire, fut le premier à le classer parmi les moralistes, dans un passage de *La Difficulté d'être* (Monaco: Editions du Rocher, 1953), p. 242, intitulé "De la responsabilité": "Jean Genet, qu'il faudra considérer un jour comme un moraliste, si paradoxal que cela paraisse car on a coutume de confondre le moraliste et l'homme qui nous fait la morale, me disait, il y a quelques semaines, cette parole poignante: 'Ce n'est pas assez de regarder vivre ses héros et de les plaindre. Nous devons prendre leurs péchés sur nous et en subir les conséquences' ".

présente chez l'homme, comme l'autre face de ce moi que je m'évertue à cacher mais que Genet, mon prochain, me révèle, me poussant à suivre le chemin du "rentre en toi-même et connais-toi" ou que ses écrits soient considérés comme commentaires socio-politiques, comme condamnation morale et humaine d'une réalité sociale, la position de base dans laquelle se tient sa critique est, comme nous l'avons montré, morale. Si Genet est notre ennemi, c'est qu'il nous révèle une vérité personnelle, universelle ou sociale qu'il nous est pénible d'accepter. Dans sa "Prière pour le bon usage de Genet", Sartre nous exhorte à "aller jusqu'au bout de nous-même dans les deux directions à la fois" (*SG* 662).

Le point de départ de notre analyse a été la constatation que toute la première critique s'organisait autour de la question morale: Francois Mauriac *et al*, ont déclenché cette approche qui, systématisée par Sartre, bifurque en une tendance positive et une tendance négative. En dehors de cette tendance générale, nous constatons une réaction contre Sartre et la question morale. Nous en situons les débuts dans le texte que Bataille publia dans *Critique* lors de la parution de l'étude de Sartre sur Genet, texte qui fut réimprimé en 1957 dans la *Littérature et le mal*.

Une analyse de la stratégie critique adoptée par les trois philosophes qui ont écrit sur Genet: Sartre, Bataille et Derrida, ne peut être entreprise indépendamment de leurs rapports les uns aux autres. L'attitude de Bataille envers Genet ne peut être entièrement comprise sans une étude préalable de l'attitude exprimée par Sartre envers Bataille. De même, la lecture de *Glas* de Derrida est facilitée par une connaissance du texte de Bataille sur Genet. A plusieurs égards, le texte de Derrida est une reprise du texte de Bataille qu'il corrige au moyen de concepts chers à Bataille. Dépouillé des arguments spécifiques, le mouvement d'ensemble effectué par ces trois critiques est à quatre temps: Sartre attaque Bataille qu'il accuse de mysticisme; Sartre publie *Saint Genet*; Bataille attaque *Saint Genet* et retourne les accusations de Sartre contre Genet; Derrida reprend l'attaque de Bataille contre Sartre mais accuse Bataille de faire la même chose que Sartre envers Genet. C'est cette configuration critique que nous nous proposons de retracer ici afin d'élucider les diverses positions adoptées par cette critique et les implications qui s'en dégagent.

L'oeuvre de Genet, écrit Bataille, est un échec. Pour comprendre cet échec, il nous faut considérer la façon dont Bataille envisage l'homme et l'importance qu'il accorde aux concepts de souveraineté et de communication. Le monde de Bataille se scinde en deux: le monde profane, où se déroule la plus grande partie des activités de l'homme, monde du travail, monde de l'interdit, où l'homme est soumis à des lois; et le monde sacré, monde de la transgression, de la fête, de l'érotisme, de la poésie, du sacrifice, où la règle est momentanément suspendue. C'est au monde sacré que participe la littérature dont le but est la communication. L'homme de la communication est *souverain*: dechaîné, libre, il atteint ce moment impossible où sujet et objet se confondent. La poésie visant la commmunication, il faudra, pour atteindre celle-ci, qu'auteur et lecteur(s) s'effacent au profit de l'oeuvre. Pour Bataille, la communication est dépense sans récupération, destruction. Apparentée en ceci à la maîtrise hégélienne, "la souveraineté est le pouvoir de s'élever, dans l'indifférence à la mort, au-dessus des lois qui assurent le maintien de la vie"[8]. La souveraineté n'est jamais saisie comme un objet, elle se dérobe constamment, étant "ekstase, c'est-à-dire arrachement à soi vers..."[9]. Le moment souverain, le moment de la communication, c'est l'Impossible. Dans *L'Etre et le néant*, Sartre distingue deux modalités d'être: l'en-soi et le pour-soi. Tandis que l'en-soi est toujours identique à lui-même, "est ce qu'il est", la structure du pour-soi est celle du possible. L'homme manque d'être et désire la plénitude: il veut être en-soi, toujours identique à lui-même, tout en maintenant la conscience qui caractérise le pour-soi. Cet idéal, cette coïncidence de l'en soi et du pour-soi se nomme Dieu. C'est ce à quoi tend l'homme: "Etre homme c'est tendre à être Dieu"[10]. Or, pour Sartre, ce projet qui sous-tend toute activité humaine est impossible à réaliser. "L'homme est une passion inutile", dit-il[11]. Nous avons ici une des grandes différences entre Bataille et Sartre, car, pour Bataille, cette passion n'est pas inutile, l'Impossible visé est réalisable jusqu'à un certain point, à travers le sacrifice, la poésie,

[8] Georges Bataille, "Genet" in *La Littérature et le mal* (Paris: Gallimard—Idées, 1972), p. 212. Nous utilisons l'abréviation *LM* pour toutes les références à ce texte.

[9] "Un Nouveau Mystique" in *Situations I* (Paris: Gallimard, 1943), p. 179. La phrase est de Sartre, mais Bataille lui-même dit la même chose, en termes moins succincts: "Il se peut que nous trahissions ce qui pour nous compte souverainement, si nous avons la faiblesse d'en décider 'distinctement': qui s'étonnerait que la liberté demande un saut, un arrachement à soi si brusque et imprévisible, qui ne sont plus donnés à qui décide d'avance?" (*LM* 54).

[10] Jean-Paul Sartre, *L'Etre et le néant* (Paris: Gallimard, 1968), p. 653.

[11] Sartre, p. 708.

toutes les activités sacrées qui mènent à la fusion du sujet et de l'objet. Cet impossible ne peut se réduire au projet puisque le projet implique la servitude, la volonté autonome de servitude, la subordination du moment présent en vue d'un gain futur, tandis que la communication est révélation de l'instant.

Pour Bataille, donc, l'oeuvre de Genet est un échec pour les raisons suivantes:

—Genet se veut Souverain (il emploie lui-même souvent ce terme), mais sa conception de la souveraineté est superficielle. Il conçoit celle-ci en termes de parade (bijoux, luxe des grands) et prend les signes, les manifestations extérieures de la souveraineté pour la chose même.

—La souveraineté de Genet n'est pas du domaine sacré. En faisant sienne la morale d'Armand, personnage du *Journal du voleur*, Genet subordonne sa quête du Mal à des fins utilitaires. Pour Bataille, l'activité sacrée s'oppose au monde du travail, dont elle est l'envers. Armand, "la Toute-Puissance en matière de morale", décrit lui-même sa position:

> Quand c'est utile, moi, tu m'entends, c'est pas aux vieux que je m'attaque, c'est aux vieilles. C'est pas aux hommes, c'est aux femmes. Et je choisis les plus faibles. Ce qui me faut, c'est le fric. Le beau boulot, c'est de réussir. (Cité par G. Bataille in *LM* 214.)

L'intérêt, le profit, valeurs propres à la société capitaliste, ne sauraient s'allier au sacré. Bataille est gêné par le mélange de profane et de sacré qu'il découvre chez Genet. Dans les romans de Bataille, les personnages (nous pensons surtout à *Ma mère*, à *L'Histoire de l'oeil*) vivent en vase clos, voués à leurs expériences. Le libertin sadien est riche et puissant; l'intérêt ne saurait gouverner ses actions. Enfermé dans son château avec toutes les ressources nécessaires, il se livre sans entraves aux orgies et aux crimes que lui dicte son imagination. Par contre, le monde que décrit Genet est celui des petits criminels et voleurs pour qui le crime, "le casse", en dépit de sa signification idéalisée, a toujours sa base dans le manque matériel.

—En se livrant à une recherche du mal sans limites, Genet s'est mis dans une impasse. Le mal cesse d'être le mal dans un monde où le bien n'existe pas. Bataille rappelle que Sade s'était lui aussi trouvé dans cette impasse, mais il avait sauvé le mal en introduisant le concept d'irrégularité. Genet, par contre, aboutit au point où tout motif d'agir lui manque: "Nul interdit ne lui donne plus le sentiment de l'interdit, et dans l'insensibilité des nerfs qui le gagne, il achève de sombrer" (*LM* 219). Le mal, conclut Bataille, est toujours transgression, violation de l'interdit, et ne peut exister que sur un fond social, moral.

Ce qui, en dernier lieu, fait de l'oeuvre de Genet une oeuvre manquée, un "ersatz", c'est que Genet est incapable (il ne veut pas et il ne peut pas) communiquer: "ses écrits intéressent mais ne passionnent pas" (*LM* 226).

> Sartre a marqué lui-même une étrange difficulté à la base de l'oeuvre de Genet. Genet, qui écrit, n'a ni le pouvoir ni l'intention de *communiquer* avec ses lecteurs. L'élaboration de son oeuvre a le sens d'une négation de ceux qui la lisent. Sartre l'a vu sans en tirer la conclusion: que dans ces conditions, cette oeuvre n'était pas tout à fait une oeuvre mais un ersatz, à mi-chemin de cette *communication* à laquelle prétend la littérature. La littérature est communication. Elle part d'un auteur souverain, par delà les servitudes d'un lecteur isolé, elle s'adresse à l'humanité souveraine... La création *littéraire* — qui est telle dans la mesure où elle participe de la poésie — est cette *opération souveraine*, qui laisse subsister, comme un instant solidifié — ou comme une suite d'instants — la *communication*, détachée, en l'espèce de l'oeuvre, mais en même temps de la lecture. (*LM* 219-20)

La communication exige l'annulation de l'auteur et du lecteur, pour que seul subsiste l'oeuvre. C'est la suppression de l'être isolé qui ouvre la voie à la communication. Or, pour pouvoir communiquer, il faut être honnête: aucune liaison entre auteur et lecteur ne peut avoir lieu dans l'oeuvre en question car Genet triche avec son lecteur. Bataille donne l'exemple des deux descriptions de Mettray: dans l'une Mettray est un paradis, dans l'autre, un enfer. Bataille aurait pu considérer cela comme un cas d'ambivalence de sentiments ou comme une démonstration d'une pluralité de significations inhérente au monde, mais il conclut de la façon suivante:

> Je crois devoir insister à cette fin sur l'intention informe d'un auteur qui n'est jamais porté que par un mouvement incertain, du moins par un mouvement dès l'abord dissocié, tumultueux, mais, dans le fond, indifférent, ne pouvant parvenir à l'intensité de la passion, qui impose, dans l'instant, la plénitude de l'honnêteté. (*LM* 224).

Enfermé dans sa solitude, se refusant aux autres, Genet fait l'économie de cette dépense qu'est la communication: "Chacun de leur côté, auteur et lecteur, évitent le déchirement, l'anéantissement qu'est la communication souveraine. Ils se bornent l'un et l'autre aux prestiges de la réussite" (*LM* 227).

Nous avons déjà souligné le caractère partial de la lecture de Bataille. D'un côté nous le voyons taxer d' "anachronique" la maîtrise d'un discours comme celui de Sartre, de l'autre, rejeter le "mouvement incertain" de la pensée de Genet qu'il considère déloyale. L'étude sur Genet est entièrement dirigée par les valeurs propres à Bataille. Toujours est-il qu'elle garde toute son importance en ceci qu'elle pose la question des rapports entre l'auteur, le lecteur et l'oeuvre, ouvrant ainsi la voie aux études orientées vers cette problématique.

Pour Sartre, la communication met en jeu la liberté de l'auteur (qui s'engage) ainsi que celle du lecteur. Néanmoins, c'est l'auteur qui tient le rôle dominant: il choisit son sujet, choix qui décide du lecteur. C'est Genet, n'oublions pas, qui corrompt son lecteur. Si le lecteur répond à l'appel de l'auteur, c'est en engageant sa liberté, en s'aliénant. Les premières déclarations de Genet semblent s'accorder avec celles de Sartre[12]. Mais il y a aussi une conception de l'auteur tout à fait opposée chez Genet. Celle-ci se formule dans des écrits plus tardifs tels que *L'Atelier d'Alberto Giacometti, Le Funambule, Les Lettres à Roger Blin*

---

[12] Rappelons, à cet égard, le passage de *Querelle de Brest* qui reprend presque mot pour mot les paroles rapportées par Cocteau, où l'auteur joue le rôle de meneur de jeu:

> Notre dessein n'est pas de dégager deux ou plusieurs personnages — ou héros puisqu'ils sont extraits d'un domaine fabuleux, c'est-à-dire relevant de la fable, de la fable et des limbes — systématiquement odieux.
> Mais qu'on veuille plutôt considérer que nous poursuivons une aventure qui se déroule en nous-même dans la région la plus profonde, la plus asociale de notre âme, alors, c'est parce qu'il anime ses créatures — et volontairement assume le poids du péché de ce monde né en lui — que le créateur délivre, sauve sa créature, et du même coup se place au-delà ou au-dessus du péché. Qu'il échappe au péché cependant que, par sa fonction et par notre verbe, le lecteur découvre en soi-même ces héros, jusqu'alors y croupissant... (*OC* III.275)

Nous voyons que la signification qui se dégage du passage est bien différente de celle que nous présente Cocteau. "Nous poursuivons — lisons-nous —, une aventure qui se déroule en *nous-mêmes*," et ce "nous-mêmes", volontairement ambigu, désigne l'auteur qui "assume le poids de ce monde né en lui," mais anticipe aussi la tournure finale du paragraphe cité où le lecteur est définitivement impliqué: "le lecteur découvre en soi-même ces héros, jusqu'alors y croupissant..." La figure de Genet, pénitent rongé par la souffrance, est vite effacée lorsqu'on nous déclare que le créateur échappe au péché tandis que le lecteur le découvre en lui-même. Trappe, piège que ce verbe où va échouer le lecteur afin de reconnaître les héros odieux qui croupissent en lui. L'auteur s'accuse, se dénude devant nous, mais, ce faisant, il sauve ses créatures, où Genet exige l'annulation, la mort de l'artiste ou de l'écrivain pour que seule subsiste l'oeuvre. Cette conception se rapproche bien plus de celle que préconise Bataille. Soulignons encore que pour Bataille, la communication, l'oeuvre d'art n'a lieu qu'à travers la dissolution des deux partenaires. Il n'est plus ici question de maîtrise, mais de mort—c'est bien le terme qu'emploie Genet, qui recommande que le théâtre soit situé dans un cimetière et que l'artiste s'adresse aux morts:

> ...toute oeuvre d'art, si elle veut atteindre aux plus grandes proportions, doit, avec une patience, une application infinies depuis les moments de son élaboration, descendre les millénaires, rejoindre s'il se peut l'immémoriale nuit peuplée de morts qui vont se reconnaître dans cette oeuvre.
>
> Non, non, l'oeuvre d'art n'est pas destinée aux générations enfants. Elle est offerte à l'innombrable peuple des morts. (*OC* v.43)

Le destinataire de l'oeuvre d'art appartient au peuple des morts, mais l'artiste lui-même, ou le créateur, doit aussi s'effacer, au point de mourir à lui-même: "que sa personne se réduise de plus en plus pour laisser scintiller, toujours plus éclatante, cette image dont je parle, qu'un mort habite", recommande-t-il au funambule, ajoutant, un peu plus loin: "comme au poète, je parlais à l'artiste seul" (*OC* v.14). De l'érotisme, c'est-à-dire d'un des moyens privilégiés grâce auxquels on atteint à la communication forte, Bataille écrivait qu'il est "l'approbation de la vie jusque dans la mort"[13]. Cette affinité entre la mort et toute forme de communication forte—la communication faible étant, pour Bataille, celle qui a trait au monde profane—, est présente aussi chez Genet.

> La Mort—la Mort dont je te parle—n'est pas celle qui suivra ta chute, mais celle qui précède ton apparition sur le fil. C'est avant de l'escalader que tu meurs. Celui qui dansera sera mort—décidé à toutes les beautés, capable de toutes. (*OC* v.12)

il se sauve, et le lecteur tombe, face au visage odieux qui est le sien. Je nais autre. Genet, mon prochain.

Tourniquet propre à Genet: il commence par s'accuser, se dérobe, et, subrepticement, laisse le lecteur en posture d'accusé.

[13] Georges Bataille, *L'Erotisme* (Paris: Minuit [10/18], 1970), p. 15. Par ces mots, Bataille signifiait que l'activité sexuelle, activité de vie par excellence puisqu'elle met en jeu la reproduction de l'espèce, touchait, à son point culminant, la mort, c'est-à-dire celle des deux partenaires qui cessaient d'exister comme conscience de soi, comme entités autonomes, distinctes, pour se dissoudre dans une continuité apparentée à la mort.

Et pourtant, en dépit des similitudes entre les deux auteurs, la communication telle que l'envisage Bataille n'est pas tout à fait pareille à celle de Genet. La différence entre les deux se situe au niveau de l'importance accordée à l'Autre dans la communication. Selon Genet, c'est dans la solitude absolue que le poète réalise son oeuvre; il exhorte donc celui-ci à se détourner du monde:

> Pour acquérir cette solitude absolue dont il a besoin s'il veut réaliser son oeuvre — tirée d'un néant qu'elle va combler et rendre sensible à la fois — le poète peut s'exposer dans quelque posture qui sera pour lui la plus périlleuse. Cruellement il écarte tout curieux, tout ami, toute sollicitation qui tâcherait d'incliner son oeuvre vers le monde. (*OC* v.16)

Paradoxalement, Genet écrit, quelques lignes plus bas, que la solitude ne saurait être accordée sans la présence du public. S'il nous faut donc résumer l'attitude de Genet par rapport à celle de Bataille, nous dirons que la communication, envisagée comme une espèce de mort de deux côtés (du côté du spectateur et du lecteur d'une part, du créateur et de l'artiste, d'autre part), se fait *contre* l'Autre (spectateur ou lecteur) chez Genet, dans un rapport de rejet, tandis que chez Bataille la communication se fait *avec* autrui, dans un rapport de participation, de fusion. C'est lui-même, dit Genet, que l'artiste cherche dans son oeuvre: "Narcisse danse?" — interroge-t-il dans *Le Funambule*, mais il s'empresse d'ajouter que "c'est d'autre chose que de coquetterie, d'égoïsme et d'amour de soi qu'il s'agit. Si c'était de la Mort elle-même?" (*OC* v.12). La poursuite de l'image propre est en même temps la poursuite de la mort[14]. Ce que l'oeuvre manifeste donc, c'est la mort, et l'expérience de l'identité de tous les hommes, expérience qui motive les textes sur Rembrandt et sur Giacometti, est une expérience solitaire, qui n'entraîne pas l'amour du prochain ou l'identification à autrui, mais le dégoût de soi et de l'Autre.

La tendance à faire disparaître auteur et lecteur en faveur d'un idéal intangible — la communication, chez Bataille, ou l'image idéale (du Mort) chez Genet —, s'accentue au point que, dans *Glas*, il n'est plus question d'expliquer l'un ou l'autre des deux termes, mais de saisir le *signataire*, c'est-à-dire l'auteur tel qu'il s'écrit, considéré comme entité textuelle.

---

[14] Ce thème constitue le fond du ballet *'Adame Miroir*. Pour une interprétation dialectique sartrienne de ce thème, nous renvoyons au chapitre intitulé "All Done with Mirrors" du livre de Richard Coe, *The Vision of Jean Genet* (New York: Stein and Day, 1969).

La citation des lettres ne se confond pas avec les diverses opérations dites "biographiques" se rapportant à la vie de "l'auteur". Elles ont un statut à part, non seulement parce que l'étoffe est d'écriture, mais parce qu'elles engagent ce que nous traquons ici sous le nom de signataire. (*Glas* 171)

Pour Derrida, l'oeuvre écrite se caractérise par une triple absence: celle de l'auteur (qui ne contrôle plus le sens de l'oeuvre, une fois celle-ci détachée), celle du destinataire (qui ne se confond pas toujours avec le lecteur), et celle d'une vérité à laquelle elle serait réductible. Derrida souligne le caractère "citationnel", itérable de l'oeuvre écrite, qui est toujours, en un certain sens, "hors contexte". Ce qui la caractérise c'est le fait qu'elle peut être répétée en dehors de l'intention de l'auteur, c'est son aspect disséminant, le fait qu'il y a toujours un reste qui échappe à l'unité de sens. Dans *La Part maudite*, Bataille parle d'un excédent, d'un surplus qui échappe à l'entreprise capitaliste, d'un reste destiné à la destruction, d'une dépense sans retour. Le Potlatch serait une manifestation de cette dépense irrationnelle, irrécupérable. C'est dans ce sens qu'il faut comprendre la dissémination derridienne: c'est un sens insensé, ou plutôt un hors sens, qui échappe à la maîtrise d'une pensée qui veut tout dominer.

Glas est un texte qui met en question le *Saint Genet* de Sartre ainsi que la notion de "corpus", de l'oeuvre comme totalité. Ramener l'oeuvre à la vie de l'auteur, poser l'équivalence des deux, comme le fait Sartre, paraît inadmissible à Derrida. Si pour Sartre, ne pas lire Genet, c'est ne pas voir qu'il conteste l'ordre social (cf. "Prière pour le bon usage de Genet" dans *Saint Genet*, pp. 645-62), pour Derrida, ne pas lire Genet c'est précisément ce que Sartre a fait: effacer le texte au profit de la vie (Sartre lui-même dit que son intention avait été de faire "une préface biographique et critique comme on a fait pour Pascal et Voltaire dans la collection des Grands Ecrivains Français" (*SG* 528).

Lors de la parution de *Glas*, Genet n'écrivait plus depuis dix ans, depuis le suicide d'un ami, à la suite duquel il avait déchiré un manuscrit de trois cents pages et cessé d'écrire. (*Ce qui est resté d'un Rembrandt déchiré en petits carrés bien réguliers et foutu aux chiottes* est précisément ce qui reste du texte)[15]. Depuis lors il voyageait, n'ayant pas de domicile fixe, pas de propriété, même pas de livres; une valise et le minimum nécessaire. S'il écrivait, cela ne ressemblait pas à ce qu'il faisait

---

[15] Jean Genet, *Ce qui est resté d'un Rembrandt déchiré en petits carrés bien réguliers, et foutu aux chiottes*, in *OC* IV (Paris: Gallimard, 1968), 21-31.

auparavant: il voulait faire quelque chose qui s'auto-détruise, qui ne soit pas digéré par la société. S'il y a, dans l'oeuvre de Genet, une période sartrienne, il y aussi une période derridienne qui se manifeste clairement dans le passage suivant, tiré de *L'Etrange Mot d'*...[16]
Ce passage commence par une référence à un mime funèbre:

Où? Rome, ai-je lu, possédait—mais peut-être ma mémoire me trompe—un mime funèbre. Son rôle? Précédant le cortège, il était chargé de mimer les faits les plus importants qui avaient composé la vie du mort quand il—le mort—était vivant. (*OC* IV.16)

Le mime funèbre c'est, évidemment, Genet, qui immédiatement pense à l'instrument qu'il lui faut pour sa mimique: les mots. Suit une courte digression sur la langue française:

Les mots. Vécue je ne sais comment, la langue française dissimule et révèle une guerre que se font les mots, frères ennemis, l'un s'arrachant de l'autre ou s'amourachant de lui. Si tradition et trahison sont nés d'un même mouvement *originel et divergent* pour vivre chacun une vie singulière, par quoi, tout au long de la langue, se savent-ils liés dans leur distortion?... Ecrivant dans une telle langue on ne dit rien. On permet seulement que grouille davantage au milieu d'une végétation elle-même distraite, bigarrée par ses mélanges de *pollen*, par ses *greffes* au petit bonheur, par ses surgeons, ses boutures, que grouille et que brouille une averse d'êtres ou, si l'on veut, de mots équivoques comme la Fable.
Si quelqu'un espère qu'au moyen d'une telle prolifération—ou luxuriance—de monstres il pourra soigner un discours cohérent, il se trompe: au mieux il accouple des troupeaux larvaires et sournois pareils aux processions de chenilles processionnaires, qui échangeront leur foutre pour accoucher d'une portée aussi carnavalesque sans portée réelle, sans besoin, issue du grec, du saxon, du levantin, du bedouin, du latin, du gaelique, d'un chinois égaré, de trois mongols vagabonds qui parlent pour ne rien dire mais pour, en s'accouplant, révéler une orgie verbale dont *le sens se perd* non dans la nuit des temps mais dans *l'infini des mutations tendres et brutales*... Quand on est malin, on peut faire semblant de s'y retrouver, *on peut faire semblant de croire que les mots ne bougent pas, que leur sens est fixé ou qu'il a bougé grâce à nous qui,* volontairement, feint-on de croire, si l'on en modifie un peu l'apparence, *devenons dieux.* Moi, devant ce troupeau enragé, encagé dans le dictionnaire *je sais que je n'ai rien dit et que je ne dirai jamais rien*: et les mots s'en foutent. (*OC* IV.17-18; nous soulignons)

[16] Jean Genet, *L'Etrange Mot d'*..., in *OC* IV (Paris: Gallimard, 1968), 9-18.

Soulignons ici l'emploi des métaphores séminales, animales ou végé-
tales (pollen, bouture, greffe, surgeon, foutre), qui relèvent d'une théorie de la dissémination, théorie selon laquelle le pollen, graine, sème
ou signification est disséminé, perdu, à l'opposé du mouvement dialectique chez Hegel où la graine n'est envisagée que comme moment
d'une évolution qui l'oppose à la fleur et aboutit au fruit, unité orga-
nique qui relève fleur et graine comme parties d'un tout[17]. "Le sens
se perd" – écrit Genet, et c'est cette perte, ce "rien" qui organise la
lecture de Derrida, pour qui le "sens", si l'on peut dire, n'est nullement récupérable, et donc déborde la notion même de polysémie qui
ramènerait le sens à plusieurs sens. "Mots équivoques", écrit Genet,
mots qui "naissent d'un même mouvement originel et divergent" et
se "perdent dans l'infini des mutations tendres et brutales". Chez Genet,
comme chez Derrida, les mots ne sont pas le support d'une vérité,
mais en ceci semblables aux métamorphoses de Escher où la transformation d'un terme en un autre n'est pas nécessairement guidée par
une thématique, présentent un aspect ludique[18]. Jeu du fini et de
l'infini, les termes s'enchaînent de façon continue, "s'accouplent" au
petit bonheur, "s'emmanchent comme des bêtes égarées", et leur sens
se perd dans *l'infini* des mutations. C'est sous cet angle que l'on peut
considérer les associations au niveau du signifiant (visuel ou phonique) que Derrida relève dans son texte sur Genet. Ainsi, tous les "gl"
qu'il repère dans "glas", "glaviot", "glaïeul", "glu", "sigle", "glace", moti-
vent sa lecture de Genet mais ne forment aucun centre que l'on puisse
réduire thématiquement. Erigeant autour du sens une logique du non-
sens, Derrida refuse tout geste d'appropriation et de maîtrise, refuse

[17] "Le bouton disparaît dans l'éclatement de la floraison et on pourrait dire que le
bouton est réfuté par la fleur: a l'apparition du fruit, également, la fleur est dénon-
cée comme un faux être-là de la plante, et le fruit s'introduit à la place de la fleur
comme sa vérité. Ces formes ne sont pas seulement distinctes, mais encore chacune
refoule l'autre, et cette égale nécessité constitue seule la vie du tout" (G. F. Hegel,
La Phénoménologie de l'esprit [Paris: Aubier, 1939], I, 6).
[18] Dans *Métamorphose II*, la disposition typographique du mot "métamorphose" engendre des carreaux noirs, qui deviennent des lézards, qui à leur tour donnent lieu à
des figures en pied-de-poule, qui se transforment en héxagones, les héxagones deviennent les alvéoles d'une ruche dont les oeufs engendrent des abeilles, qui à leur tour
deviennent des oiseaux, puis des poissons, puis, à nouveau, des oiseaux, qui deviennent des cubes, qui se transforment en maison, qui font partie d'une ville dont la
tour, située dans la mer, devient la tour d'un échiquier dont les carreaux se transforment en mots qui reprennent la même disposition typographique que le début du
tableau, en sens inverse.

d'assigner un sens ultime au texte. Ni la personne Genet, ni le corpus désigné par ce nom ne sont le lieu où se manifesterait quelque vérité voilée. Quant au "gl" autour duquel tourne le texte, c'est ce qui reste ouvert, "prêt à toutes les combinaisons, à tous les collages" (*Glas* 263).

Deux textes dominent la lecture derridienne: *L'Etrange Mot d'...* et *Ce qui est resté d'un Rembrandt...*, tous deux publiés en tête du tome IV des *Oeuvres complètes*. Curieux titre que celui de *L'Etrange Mot d'...*, où l'élision du mot "urbanisme" indiquerait qu'il s'agit là d'un de ces mots "dialectophages" recommandés au mime pour faire revivre et remourir le mort. Un mot qui se bouffe lui-même, conseil étrange de la part d'un auteur qui ne mâche pas ses mots. Les mots prescrits au mime ne sont plus "enragés, encagés dans le dictionnaire": libérés, ils annulent leur valeur de signe porteur de sens. Genet lui, ne feindra pas de croire qu'il est Dieu, qu'il contrôle le sens: il sait qu'il n'a rien dit.

Nous avons signalé que dans un des titres de Genet, le dernier mot est effacé, élidé, créant ainsi un effet d'ouverture infinie. Cette même technique se retrouve dans *Ce qui est resté d'un Rembrandt...*, texte où Genet décrit l'expérience qu'il fit de la perte d'identité. "Je m'ec..." — écrit-il, de sorte que la perte d'identité, l'expérience du vide est marquée par la perte (d'identité) du mot. Le vide dans la phrase met en question le principe d'exhaustion. Tous les paradigmes sont valables: je m'écoule, je m'écoeure, je m'écris, je m'écrie... Chez Derrida nous retrouvons l'emploi d'une technique analogue. *Glas* s'ouvre sur une question, et s'arrête à mi-phrase: "Aujourd'hui, ici, maintenant, le débris de", détruisant par cet arrêt, toute illusion de plénitude.

Ce qui est resté d'un Rembrandt... est, comme le sera plus tard, *Glas*, coupé en deux. L'écriture en deux colonnes crée une oscillation perpétuelle d'un texte à l'autre. S'il y a un centre, il est signifié par le vide, le blanc qui sépare les deux colonnes: "organiser à partie de l'illumination qui montre le vide, une architecture verbale — c'est-à-dire grammaticale et cérémoniale — indiquant sournoisement que de ce vide s'arrache une apparence qui montre le vide", écrit Genet dans *L'Etrange Mot d'...* (*OC* IV.13).

La reprise typographique du texte de Genet par Derrida est aussi une reprise de l'expérience du vide. D'une part nous avons la colonne Hegel, représentant le savoir absolu, le discours théologique en tant que désir de plénitude et d'autorité, l'odyssée de l'esprit dans son cheminement progressif vers la vérité. D'une part aussi nous avons la personne nommée Hegel, marié, père de famille, citoyen respectable et respecté, s'occupant des affaires de famille: sa propriété, sa soeur

devenue folle (ironie du sort: le philosophe de la raison qui pose l'adé-
quation du rationnel et du réel, a une soeur qui perd la raison). D'autre
part nous avons la colonne Genet, qui tourne autour du vide, qui
pose l'expérience du regard niveleur, où se lit l'équivalence de toute
chose, où le concept même de vérité perd son sens. D'autre part aussi
nous avons la personne Genet, qui n'a pas de famille, pas de mère,
de père, de femme ou d'enfants, pas de propriété, de "propre", et dont
le discours est celui du vol. A la dialectique hégélienne et son rêve
de tout dominer, Derrida oppose l'éclatement, l'illumination de l'écriture de Genet, qui se consume elle-même. "Reste" est le terme que
Derrida emploie pour marquer la différence entre Hegel et Genet:

> Deux colonnes inégales, disent-ils, dont chaque
> enveloppe ou gaine, incalculablement renverse,
> retourne, remplace, remarque, recoupe l'autre.
>   L'incalculable de *"ce qui est resté"* se calcule,
> élabore tous les coups, les tord ou les échafaude
> en silence, vous vous épuiseriez plus vite à les
> compter. Chaque petit carré se délimite, chaque
> colonne s'enlève avec une impassible suffisance
> et pourtant l'élément de contagion, la circulation
> infinie de l'équivalence générale rapporte chaque
> phrase, chaque mot, chaque moignon d'écriture
> (par exemple "je m'...") à chaque autre dans
> chaque colonne et d'une colonne à l'autre de *ce
> qui est resté* infiniment calculable
> A peu près
>
>   Il y a du *reste*, toujours, qui se recoupent,
> deux fonctions
>
>   L'une assure, garde, assimile, intériorise,
> idéalise, relève la chute dans le monument. La
> chute s'y maintient, embaume et momifie, monu-
> mémorise, s'y nomme-tombe. Donc, mais
> comme chute, s'y érige.
>
> L'autre—laisse
> tomber *le reste*, ris-
> quant de revenir au
> même. Tombe-
> deux fois les colon-
> nes, les trombes-
> *reste*.

Peut-être le cas
(Fall) du seing.
   Si *Fall* marque le
cas, la chute, la déca-
dence la faillite ou
la fente, *Falle* égale
piège, trappe, collet,
la machine à vous
prendre par le cou.

Le seing tombe.

Le *reste* est indi-
cible ou presque:
non par approxima-
tion empirique mais à
la rigueur indécida-
ble. (Nous soulignons
chaque fois que "reste"
apparaît dans cette citation [*Glas* 7-8]).

Deux fonctions du reste: chez Genet le reste est trappe, piège, son mouvement est celui de la circulation infinie, de l'équivalence géné-rale de toute chose. Chez Hegel le reste est relevé, se fige, devient monument, s'érige, devient pierre, gel: "...l'aigle pris dans la glace et le gel. Soit ainsi figé le philosophe emblémi", lisons-nous dès la pre-mière page. Le reste chez Genet: c'est (les débris de) ce qui reste du livre, de la vie, de l'auteur, du seing en tant que la signature est le lieu où s'entrecroisent tous ces termes.

D'un reste?
D'un reste qui ne serait plus — ni relique ni reliquat —
d'aucune opération. (*Glas*, côté Genet, 286)

Le reste chez Genet s'apparente donc à la dépense sans retour de Bataille. A la fin de son article sur Genet, Bataille s'était rallié au point de vue de Sartre qui voyait chez Genet un désir de pétrification (Genet veut se pétrifier en substance, veut devenir un "en-soi"). Dans *Glas*, Derrida renverse l'accusation et la porte contre Hegel. Le thème de la pétrification donne lieu à toute une série de citations, d'entrecroi-sements de textes (bibliques entre autres), où Simon-Pierre tient une place importante comme fondateur de l'Eglise. L'érection du monu-ment qu'est le christianisme, placé côté Hegel, s'oppose à l'athéologie de Genet. Bataille se situe dans la colonne Genet, et il devient de plus en plus évident que l'échec est moins celui de Genet que celui de Bataille, dans son refus obstiné de lire Genet[19].

> Or voici qu'un contemporain
> (le fait importe beaucoup) que
> tout, sinon son propre glas, aurait
> dû préparer à lire la scène, se
> démonte, ne veut plus voir, dit
> le contraire de ce qu'il veut dire,
> part en guerre, monte sur ses
> grands chevaux. (*Glas* 242)

Bataille avait signalé, dans son étude sur Genet, le non-sens du discours raisonné de Sartre, en un temps incertain comme le nôtre:

> Certain d'une domination intellectuelle dont l'exercice, en un temps de décomposition et d'attente, a si peu de sens, même à ses yeux, nous donnant *Saint Genet*, Sartre vient d'écrire enfin le livre qui l'exprime. (*LM* 200).

En ceci disciple de Bataille, Derrida nous présente un texte qui est à l'opposé de la domination, de la maîtrise du texte de Sartre: *Glas* n'a ni identité fixe, ni origine, ni fin stable. *Glas* est donc une lecture contre Sartre, contre l'effet de *rigor mortis* dont Genet est affecté depuis sa canonisation dans *Saint Genet*. La lecture derridienne est suggérée et même *justifiée* par cet étrange texte de Genet: *L'Etrange Mot d'*... Genet, avait dit Sartre, est un être qui se survit, depuis le jour fatal où on l'a surpris en train de voler. Il n'a pas d'histoire, ou s'il en a une, elle est mythique, a une structure close. Or, si nous nous tournons vers le texte de Genet, nous le voyons récuser la notion d'une existence temporelle quelconque.

> Entre autres le théâtre aura pour but de nous faire échapper au temps, que l'on dit historique, mais qui est théologique. Même si le temps, que l'on dit historique—je veux dire celui qui s'écoule à partir d'un évé- nement mythique et controversé nommé aussi avènement—ne dispa- raît pas complètement de la conscience des spectateurs, un autre temps,

---

[19] A l'égard de la similitude de pensée entre Bataille et Genet, il est intéressant de constater que Genet emploie parfois le même langage que Bataille pour exprimer sa conception du théâtre. Dans *L'Etrange Mot d'*..., Genet conseille de situer le théâ- tre dans le cimetière: pour Genet, comme pour Bataille, le moment sacré est lié à l'idée de mort. Une étude du vocabulaire ("la fête", "le profane") révèle aussi une certaine parenté.

que chaque spectateur vit pleinement, s'écoule alors, et *n'ayant ni commencement ni fin*, il fait sauter les conventions historiques necessitées par la vie sociale, du coup il fait sauter aussi les conventions sociales et ce n'est pas au profit de n'importe quel désordre mais à celui d'une libération—l'événement dramatique étant suspendu, hors du temps historiquement compté, sur son propre temps dramatique—, c'est au profit d'une libération vertigineuse.

  ...Il semblerait donc urgent de multiplier les "Avènements" a partir desquels des calendriers, sans rapport avec ceux qui s'imposent, impérialistement, puissent s'établir. Je pense même que *n'importe quel événement, intime ou public*, doit donner naissance à une multitude de calendriers, de façon à couler l'ère chrétienne et ce qui s'ensuit de ce temps compté à partir de la Très Contestable Nativité. (*OC* iv.10)

En refusant d'accepter qu'un événement privilégié détermine tous les autres, Genet subvertit la croyance en une histoire—personnelle ou autre—et donc rejette l'histoire racontée dans *Saint Genet*. La meilleure subversion du temps est de "multiplier les Avènements"; n'importe quel événement suffit, l'affaire est d'empêcher qu'on nous fasse "le coup du calendrier". Le temps doit devenir une espèce de labyrinthe, un jeu de glaces infini d'où on ne peut sortir, un miroitement hallucinant où il n'y a ni début, ni fin. Si le temps et les mots n'ont plus d'origine stable, les actes eux-mêmes ne sont plus de tout repos:

  Les actes ne sont guère plus dociles. Comme pour la langue, il y a une grammaire de l'action, et gare à l'autodidacte!
  Trahir est peut être dans la tradition mais la trahison n'est pas de tout repos. J'ai dû faire un grand effort pour trahir mes amis: au bout il y avait la récompense. (*OC* iv.18)

Il est difficile de savoir si la trahison dont parle Genet est celle des valeurs sartriennes. L'autodidacte n'est pas celui de *La Nausée*; serait-il le Genet qui refuse la grammaire de l'acte telle que la définit Sartre? *L'Etrange Mot d'...* et *Ce qui est resté d'un Rembrandt...* sont certes les textes les moins sartriens de Genet. Le seul texte où Genet parle explicitement de la langue (*L'Etrange Mot d'...*) prend une allure dérridienne et ouvre donc la possibilité d'une lecture tout à fait différente de celle de Sartre.

La question qui s'impose, à ce stade, est de savoir ce qui, dans le texte de Genet, permet simultanément deux interprétations contradictoires comme celles de Sartre (la question morale) et de Derrida (le Genet de la dissémination). Notre étude se propose de résoudre cette question, dont nous retardons la réponse pour décrire, au préalable, l'orientation de notre thèse.

Ce qui caractérise l'oeuvre de Genet, et en particulier les premiers romans autour desquels nous centrons notre étude, c'est d'être une littérature du crime. Genet est un ancien criminel, un ancien voleur qui nous raconte son passé, sa vie parmi les petits criminels et les assassins qu'il a rencontrés lorsqu'il exerçait ses activités clandestines ou durant ses stades en prison. Enfant illégitime adopté par des paysans du Morvan, Genet a choisi de devenir criminel; bien plus, il a choisi de décrire le monde du crime. Poser la question de la criminalité, c'est pouvoir réinterpréter l'écriture genétienne.

Notre analyse est divisée en trois parties. Dans la première partie nous analysons la structure de la société criminelle chez Genet, les facteurs sociaux qui contribuent à la formation de cette société ainsi que l'origine et le développement de cette société, de l'adolescence délinquante au monde adulte du crime. Cette première phase de notre étude est descriptive.

Mais la notion du crime chez Genet déborde toute valeur utilitaire. Chez lui, le crime est soumis à un véritable processus d'idéalisation, à une "cristallisation" aux accents érotiques et religieux. Dans cette deuxième phase de notre étude nous voyons comment Genet se contredit et détruit les catégories qu'il avait si laborieusement forgées, de sorte que la hiérarchie criminelle qu'il avait établie s'écroule. Genet déconstruit, mine son propre texte, laissant transparaître une nouvelle dimension au-delà du monde matériel qu'il s'était attaché à nous décrire. Ainsi, derrière l'assassin viril et glorieux, derrière la figure du Condamné à mort déifié, apparaît la femme la plus idéalisée, la plus parfaite: la Sainte Vierge, dans sa forme maternelle, comme Immaculée Conception. A ce moment, la criminalité cesse d'être une simple pratique antagoniste dirigée contre la société et devient une pratique quasi religieuse.

La criminalité est, chez Genet, une position existentielle qui résulte d'une vision du monde déterminée par ce que nous nommons "l'expérience du vide", expérience métaphysique qui détruit toutes les croyances de Genet et pose l'équivalence de tous les hommes. Dans l'expérience du vide, tout est perçu comme *indifférent*. Ainsi pouvons-nous expliquer le mouvement autodestructeur à la base des écrits de Genet, le fait que tout postulat genétien est immédiatement détruit dans un deuxième geste, le fait que Genet ne parvient jamais à établir une vérité, mais que son texte bascule sans cesse d'un sens à l'autre et ne parvient jamais à la synthèse.

Nous nous sommes demandés ce qui, dans l'oeuvre de Genet, rendait possible l'existence de deux interprétations apparemment si différentes que celles de Sartre et de Derrida. Nous sommes maintenant en mesure de répondre à cette question. C'est autour de l'expérience du vide, du vide de l'homme et du monde et des conséquences qui en découlent, expérience capitale chez Genet qui la narre à plusieurs reprises, que l'on peut situer le point de rencontre de ces deux philosophes. Sartre aussi a fait l'expérience du vide: on sait la place que le néant tient dans sa philosophie. Mais l'homme authentique, pour Sartre, dépasse ce rien, cette transparence, par ses actes, par son choix. C'est à cette jonction que Derrida, dans son interprétation, se sépare de Sartre, en soulignant l'ambivalence des gestes qui ne détiennent aucune vérité, subissent d'innombrables métamorphoses, et finissent par s'annuler.

Si, dans le livre de Sartre, nous ne pouvons qu'admirer la richesse de certaines analyses, la thèse existentialiste qui les sous-tend paraît, par contre, un peu forcée, et nous ne pouvons méconnaître la pertinence de l'approche de Derrida. L'expérience du vide chez Genet nous semble importante du fait qu'elle structure l'oeuvre romanesque, théorique et esthétique de l'auteur[20]. Toute l'oeuvre de Genet, depuis *Notre-Dame-des-Fleurs* jusqu'aux derniers écrits esthétiques nous semble un long cheminement vers cette expérience capitale qui illumine, après coup, toute l'oeuvre. C'est la progression vers cette révélation finale que nous nous proposons d'étudier.

[20] Vu la complexité du texte théâtral, dont l'analyse doit tenir compte de toute une problématique de la mise en scène (rapport texte-représentation, etc.) notre étude portera surtout sur les oeuvres romanesques et esthétiques de Genet. Signalons toutefois que l'oeuvre théâtrale n'invalide pas notre thèse: au contraire, nous nous réservons le droit d'en faire un usage thématique pour appuyer nos arguments.

2. La société criminelle

> Suis-je bien sûr que tout Mettray ne sera pas décrit
> selon des modèles bien différents de la réalité et choisi
> au hasard de mes amours? Qu'importe! Si je recons-
> titue, bribe par bribe, un pareil bagne, c'est que je
> le portais, épars, en moi-même. (*OC* II.287)

Le texte le plus explicite quant à l'attitude de Genet vis-à-vis de la criminalité fut composé en 1949 pour une émission sur la justice de la Radiodiffusion française. Jugé trop polémique, il fut interdit. Genet voulait faire précéder son texte d'un interrogatoire, administré par lui, "à un magistrat, à un directeur pénitencier, à un psychiatre officiel" (*OC* v.379). Les rôles devaient être renversés: c'est la société et ses institutions qui allaient être accusées. Si Genet n'eut point l'opportunité de lire son texte, celui-ci nous parvint sous forme écrite, la même année où il fut composé, dans un petit livre publié aux éditions Paul Morihien qui contenait aussi le scénario du Ballet *'Adame Miroir* monté par Roland Petit[1].

C'est le chant de gloire et non la plainte du criminel que Genet aurait voulu nous faire entendre. Mais le souci d'être sincère l'empêche de le faire; sa sincérité l'oblige à traduire les "accents un peu rauques" qui seuls peuvent dire son émotion et celle de ses amis (*OC* v.379). Au désir initial de glorifier le criminel, l'émotion fait obstacle et laisse percer son autre face.

---

[1] Jean Genet, *L'Enfant criminel* et *'Adame Miroir* (Paris: Editions Paul Morihien, 1949). Nos citations renvoient au texte de *L'Enfant criminel* paru au tome v des *Oeuvres complètes* publiées par Gallimard.

Aucun souci de réforme ne motive ce texte. Au contraire, Genet prétend encourager les enfants criminels à s'élever contre la société: "Et j'aiderai les enfants non à regagner vos maisons, vos usines, vos écoles, vos lois et vos sacrements mais à les violer" (*OC* v.389). Il refuse de se faire complice de la société, de contribuer à ce que les psychanalystes nomment la réadaptation de ces enfants, beau terme qui ne masque qu'un conformisme banal à la morale courante. Nous ne devons pas chercher dans ce texte les déterminantes sociales de nature économique ou familiale qui tendraient à disculper l'acte criminel. Au contraire, la criminalité est une affaire de *vocation*; Genet parle de l'appel du pénitencier, du goût du mal qui lie les jeunes délinquants. A l'entendre, les criminels sont tous épris de l'esthétique du mal, séduits par la beauté et l'audace du geste transgressif.

Si Genet constate, dès le début de son discours, une double orientation, il fait preuve, également, d'une certaine ambivalence par rapport à son public. En effet, ce discours est censé répondre à une enquête sur l'enfance criminelle; il s'adresserait donc à un auditoire qui désire s'informer. Mais Genet refuse de s'adresser à lui.

> Pour vous, je ne préconise rien. Depuis que je parle ce n'est guère aux éducateurs que je m'adressais, mais aux coupables. Pour la société, en sa faveur, je ne veux pas inventer quelque dispositif nouveau afin qu'elle se protège. Je lui fais confiance: elle saura bien, toute seule, se garder du gracieux danger que sont les enfants criminels. C'est à eux que je parle. (*OC* v.387)

Or, cette dénégation du lecteur laisse transparaître une feinte que signale le "vous" énoncé par le locuteur de ce discours qui a la particularité—que Sartre et Bataille ont tous deux remarquée—, d'être un refus de la communication[2]. "Le discours que vous lirez était écrit pour être entendu. Je le publie néanmoins, mais sans espoir d'être lu par ceux que j'aime" (*OC* v.279). Pourtant Genet ne refuse pas vraiment la communication—autrement nous ne pourrions le lire,—il refuse un certain type de communication qui sous-entend une certaine "réceptivité" entre le lecteur et l'auteur. Ici, la communication est marquée par l'agression, le double rejet des deux partenaires: rejet anticipé du lecteur, et rejet de la part de l'auteur qui daigne à peine s'adresser à son public, ou qui ne le reconnaît que pour le dénoncer.

---

[2] Le terme "dénégation" nous semble traduire admirablement le rapport de Genet à son lecteur. En effet, toute insulte implique déjà une certaine reconnaissance. Aussi parlons-nous de "feinte" à propos de son geste.

Veuillez considérer que je cherche à définir une attitude morale et à la justifier. Je reconnais vouloir surtout l'interpréter, *et le faire contre vous* ...toutefois, c'est encore à vous que je m'adresse, je vous accorde cette politesse. (*OC* v.386; nous soulignons)

L'attitude de Genet est fondamentalement anti-sociale: elle risque à tout moment de virer au monologue ou même au silence, comme le démontre l'interdiction dont fut frappé son discours. Genet lui-même est conscient de l'impasse dans laquelle il se met: entre les criminels auxquels il feint de s'adresser mais qui ne l'écouteront pas, et un public qui, à moins d'être masochiste, refusera de subir ses insultes, il risque fort d'être son propre auditoire. Aussi termine-t-il son texte en reconnaissant qu'il n'a guère d'illusions: "Je parle dans le vide et dans le noir, cependant fut-ce pour moi seul, je veux encore insulter les insulteurs" (*OC* v.393).

1. *Organisation de la société criminelle*

Nous nous proposons d'étudier d'abord l'organisation de la société criminelle dans l'oeuvre romanesque de Genet, en particulier dans *Notre-Dame-des-Fleurs* et *Miracle de la rose.* Dans cette première phase de notre étude nous tiendrons compte des facteurs économiques, sociologiques et politiques qui contribuent à la formation de l'univers criminel genétien. Cette phase, la plus sartrienne de toutes, est marquée par la croyance en une réalité extérieure que Genet se propose de décrire et d'expliquer. Cette réalité extérieure, d'essence criminelle, a ses lois, ses dieux, et ses victimes. Aussi subjective que soit la présentation de cet univers, elle forme un tout cohérent. Cette phase, donc, est descriptive, constructive, et, à cet égard, nous pouvons même la considérer avec un certain optimisme. Genet "crée" une société, bien que celle-ci soit une société criminelle, c'est-à-dire essentiellement négative[3]. Nous sommes sensibles au paradoxe, à l'ironie qui sous-tend cette "construction", mais nous tenons à en souligner, à ce stade de notre analyse, l'aspect créateur. Une description de la structure de la société criminelle et des lois qui la gouvernent nous semble une condition nécessaire pour pénétrer le monde criminel de Genet, quitte par la suite à analyser dans un deuxième temps, le sens et les implications

---

[3] Genet lui-même considère l'acte criminel dans son aspect créateur: dans *L'Enfant criminel*, il parle des pénitenciers comme d'une chose "vivante, puisqu'elle se fait par le seul mouvement, par le seul va-et-vient de *l'élément le plus créateur: les enfants délinquants*" (*OC* v.381; nous soulignons).

des contradictions qui existent à l'intérieur de la théorie et de la pratique criminelles dans son oeuvre.

Nous adopterons, pour notre étude de la criminalité chez Genet, une définition très générale du concept de crime. L'on pourrait donc nous objecter un certain arbitraire dans le fait d'inclure quelques conduites transgressives à l'exclusion d'autres, peut-être même plus choquantes et répugnantes pour la majorité des lecteurs: nous parlons de l'aspect de l'oeuvre de Genet que nous pourrions titrer "poésie des latrines". Assurément, l'attention extrême que Genet porte aux processus d'évacuation du corps humain, qui surpasse à certains égards celle de Swift, peut être considérée comme une nouvelle manifestation de ce rejet de l'Autre à la base de la conduite criminelle. Pourtant nous ne pouvons justifier l'inclusion d'éléments dont l'aspect transgressif consiste surtout en une atteinte au "bon goût". Dans notre étude de la criminalité nous tiendrons donc compte de tous les éléments de caractère transgressif qui constituent ou contribuent de façon accessoire à des actes juridiquement condamnables. Là encore, il faut préciser qu'une définition légale à elle seule ne traduit pas le sens complet de la criminalité genétienne. Une définition juridique éliminerait, par exemple, l'homosexualité et la prostitution, légales en France, mais pourtant si intimement liées au comportement criminel des personnages de Genet qu'il nous semble impossible de les exclure. Ainsi nous faudra-t-il accorder au crime un sens très large, et considérer comme criminelles certains infractions faites aux lois sociales et morales. De ce point de vue, l'homosexualité et la prostitution, conduites courantes chez le criminel genétien, se rangent parmi les conduites qui attentent aux lois sociales, et gardent donc leur nature transgressive. Finalement, nous considérerons dans notre analyse, autant que le caractère fictif et la nature partielle des données le permettront, les facteurs sociaux tels que la nature, la fréquence, et l'emplacement géographique des crimes.

"La trahison, le vol et l'homosexualité sont les sujets essentiels de ce livre", écrit Genet dans *Journal du voleur* (*JV* 181)[4]. Or, des trois actes mentionnés, seul le vol est punissable par la loi. La trahison

---

[4] Jean Genet, *Journal du voleur* (Gallimard, 1949), p. 181. Dorénavant, les citations provenant de ce texte seront désignées par le sigle *JV*, suivi du numéro de la page en chiffre arabe. Nous reproduisons le paragraphe entier d'où est extraite la citation: "La trahison, le vol et l'homosexualité sont les sujets essentiels de ce livre. Un rapport existe entre eux, sinon apparent toujours, du moins me semble-t-il reconnaître une sorte d'échange vasculaire entre mon goût pour la trahison, le vol et mes amours".

dont Genet parle et qu'il décrit dans la plupart de ses textes (à l'exception de *Pompes funèbres* où elle acquiert une portée plus ample puisqu'elle est dirigée contre l'Etat) est celle des "donneuses", du criminel qui dénonce son complice à la police. Cette trahison n'est pas punie par la loi mais au contraire sanctionnée, et résulte la plupart du temps en une rémunération pécuniaire ou une diminution de la peine pour le traître. S'il y a trahison, ce n'est que par rapport à un code moral à l'intérieur de la société criminelle semblable au code moral communément accepté qui dirige les lois de l'amitié et de l'honneur. Cette "trahison" implique qu'il n'y a non pas exclusivement renversement de valeurs sociales mais adaptation de certaines règles conventionnelles à l'intérieur du milieu criminel.

Au même titre que la trahison, l'homosexualité et la prostitution constituent des conduites pré-criminelles dans le sens où elles se déroulent dans un milieu criminel et la plupart du temps, accompagnent, préfigurent ou même succèdent (par exemple, dans le cas de la "donneuse" qui trahit ses complices) à une activité nettement criminelle. Ces trois pratiques contribuent à la formation d'une sous-culture, d'un sous-groupe qui adopte des valeurs contraires aux valeurs prônées par la société et qui s'oppose ainsi à elle. L'activité homosexuelle chez Genet est une activité clandestine qui place ses participants dans une position d'exclusion hors de la société et encourage les activités illégales. Le monde de l'homosexualité et de la prostitution est intimement lié au vol. Parfois, l'homosexualité sert de prime de séduction au voleur pour attirer sa victime. Une des conduites habituelles des prostitués homosexuels est d'attirer le client dans un piège, de le mettre dans une situation compromettante, puis de le battre et de le dévaliser. Ainsi opère le trio constitué de Genet, de Robert et de Stilitano dans *Journal du voleur*. Une grande partie des voyous qui peuplent les romans de Genet sont à la fois des mendiants, des prostitués mâles ou des maquereaux qui exercent de façon intermittente la fonction de voleur, soit qu'ils s'attaquent à leurs clients (Divine, Genet) soit qu'ils cambriolent des appartements (Bijoux et Genet dans *Miracle de la rose*), soit qu'ils se fassent voleur à l'étalage (spécialité de Mignon-les-Petits-Pieds et de Notre-Dame-des-Fleurs). De même, la plupart des personnages de Genet trafiquent de la drogue, plus précisément, la cocaïne et l'opium, et font la contrebande: Divine est arrêtée plusieurs fois pour "la came"; le crime de *Notre-Dame-des-Fleurs* est découvert à la suite d'une rafle où la police découvre trois cents grammes de cocaïne cachés dans un mannequin de cire; Querelle tue son complice Vic après avoir traversé la douane avec dix kilos d'opium; et

Genet lui-même, dans *Journal du voleur*, décrit ses activités clandestines avec Armand et Stilitano lorsqu'il faisait le trafic de l'opium à Anvers[5].

Si nous considérons les lieux où se déroule l'activité criminelle dans l'oeuvre de Genet, nous constatons une étroite relation entre la nature du crime et l'emplacement géographique. Ainsi, des cinq oeuvres que nous étudions (*Notre-Dame-des-Fleurs*, *Miracle de la rose*, *Querelle de Brest*, *Pompes funèbres* et *Journal du voleur*) deux se déroulent à Paris (*Notre-Dame* et *Pompes funèbres*), deux dans des ports (Brest dans *Querelle de Brest*; Barcelone, Marseille, Anvers, villes où se déroule la plus grande partie de l'action narrée dans *Journal du voleur*), et une dans des pénitenciers (Mettray et Fontevrault dans *Miracle de la rose*). Ceci s'explique aisément: d'abord parce que c'est dans les grandes villes que les centres d'activité criminelle fleurissent; d'autre part, les ports tels que Marseille et Anvers sont traditionnellement les grands centres du trafic européen de la drogue. Les premières lignes de *Querelle de Brest* sont une méditation sur le lien entre le monde maritime et le monde criminel: "L'idée de meurtre évoque souvent l'idée de mer, de marins. Mer et marins ne se présentent pas alors avec la précision d'une image, le meurtre plutôt fait en nous l'émotion déferler par vagues" (*OC* III.203).

Nourris de récits de piraterie et de fantaisies sur le sort des anciens criminels, galériens ou déportés à la Guyane, à leur sortie de Mettray, tous les colons s'engagent dans la Marine: "Ils ont choisi d'être matelots. Leur semence de crime fertilisera les ports, les mers, les escales" (*OC* II.349). Mais les milieux maritimes n'évoquent pas seulement l'idée de meurtre: "A l'idée de meurtre s'ajoute *naturellement* l'idée d'amour ou de voluptés—et plutôt, *d'amour contre nature*" (*OC* III.204). La vie maritime, ainsi que la vie des pénitenciers où l'homme a très peu de contact avec la femme, favorise l'éclosion de l'homosexualité. La fréquence de ces deux milieux dans l'oeuvre de Genet s'explique donc aussi bien par l'activité criminelle que par l'activité homosexuelle des personnages.

Une des caractéristiques les plus frappantes de la société criminelle de Genet est son aspect extrêmement structuré. C'est dans *Miracle de*

---

[5] Nous verrons que, si l'assassin occupe une position importante dans la société criminelle de Genet, paradoxalement, celle-ci est constituée principalement de *petits* criminels qui pratiquent le vol, la contrebande et la prostitution.

la rose que nous trouvons la description la plus complète de la hiérarchie de cette société. L'oeuvre met en scène Genet, incarcéré à la prison de Fontevrault, qui se remémore son enfance à Mettray[6]. Mettray sert d'apprentissage, de stade préliminaire à cet autre centre, prestigieux aux yeux des enfants délinquants car il héberge de vrais hommes, la Centrale de Fontevrault. Lorsque Genet narre *Miracle de la rose*, il a déjà accédé à ce deuxième stage de la formation criminelle. C'est de Fontevrault qu'il décrit son expérience en prison, expérience entrecoupée de nombreuses rétrospections du temps de Mettray. Mettray et Fontevrault sont présentés parallèlement, l'expérience de la Centrale venant compléter celle de Mettray dont elle est un prolongement. L'oeuvre nous permet ainsi de suivre l'évolution de la société criminelle depuis le système de classification et d'organisation effectué au cours de l'enfance et de l'adolescence à Mettray, jusqu'aux groupements de l'âge adulte à Fontevrault.

Dès Mettray l'on trouve la division fondamentale qui caractérise cette société criminelle; celle des durs et des faibles, des exploiteurs et des exploités, des victimes et des bourreaux. A Mettray les plus forts, les "durs", appelés "marles" ou "caïds" (termes qui indiquent les maîtres) contrôlent les plus faibles, dits "cloches", "clodos" ou "lopes". A Fontevrault, Genet distingue le Condamné à mort, qui trône sur la hiérarchie criminelle (mais qui n'y participe presque pas, étant isolé dans son cachot) puis, dans le groupe des "durs", les "macs" (maquereaux), qui vivent des femmes ou des hommes qui se livrent à la prostitution sous leur direction, et les "casseurs" qui pratiquent le cambriolage. Macs et casseurs rivalisent de prestige et de force, rivalité quasi fraternelle qui n'accorde de supériorité nette à aucun de ces deux groupes. Les faibles de Fontevrault sont désignés, comme à Mettray, par les termes de "clodo", "cloche" ou "lope". (Signalons que le terme de lope, comme celui de dur, son opposé, ne désigne pas une fonction précise mais correspond à la catégorie générale de l'exploité.)

A Mettray, où les enfants délinquants restent jusqu'à leur majorité, ils sont répartis en dix familles désignées alphabétiquement (famille A, B, C, etc.). Chaque famille d'environ trente enfants est composée d'un chef de famille, fonctionnaire de l'institution qui élit, parmi les jeunes délinquants, un "frère aîné", délégué sous le contrôle duquel se trouvent tous les membres de la famille. Le frère aîné

[6] Mettray est l'ancienne demeure des Plantagenets devenue monastère, puis convertie au dix-neuvième siècle en maison de correction pour la jeunesse délinquante.

choisit à son tour un second, nommé "vautour", qui occupe une position intermédiaire entre le caïd et la cloche.

> Si les durs choisissaient leurs favoris parmi les plus beaux jeunots, tous ceux-ci ne sont pas destinés à rester femmes. Ils s'éveillent à la virilité et les hommes leur font une place à côté d'eux. Il se passait encore ceci qui n'est pas tellement étrange, c'est que leur beauté les introduisait dans les bandes sévères. Les séduisants vautours étaient accueillis, et sur un pied presque d'égalité, si bien qu'à les voir familiers avec les durs, on ne pensait plus qu'ils puissent se faire enfiler, alors qu'au contraire ils étaient les plus transpercés. Mais, forts de leur grâce, ils portaient si haut leur état d'enculés que cet état leur devenait parure et force. (*OC* II.359)

Le vautour, par son association au frère aîné, a droit à l'appellation masculine: il est à la fois le "second" du frère aîné et une espèce de maîtresse attitrée (son page, sa haute dame, écrit Genet). Sa position dans la hiérarchie fait de lui presque un "dur". Le "dur" est une catégorie sexuelle aussi bien que sociale. En effet, *le* caïd, *le* dur, c'est-à-dire les chefs, jouent le rôle de l'homme dans les relations sexuelles, tandis que *la* lope, *la* cloche, c'est-à-dire les victimes, jouent le rôle de la femme. La fonction masculine ou féminine est en quelque sorte symbolisée par l'article qui précède la désignation.

Tout nouveau venu est immédiatement soumis à des épreuves qui ont pour but de le classer dans l'une ou l'autre des deux catégories. Dès son arrivée à Mettray, les enfants sondent Genet. L'un d'eux fait basculer ses affaires qui tombent par terre:

> — Tu le fais exprès?
> — Tu le vois pas, eh, tranche?
>   Cette réponse fit rire tous les gosses. Alors il se passa en moi un phénomène qui ne devait plus se reproduire jamais. Je fus doué soudain d'un sens politique très profond, car je compris que celui de ces enfants était d'une acuité extraordinaire. Selon une méthode très sure, ils me tâtaient, et, selon ma réaction, je serais classé parmi les marles, les cloches ou les lopes. Une peur immense me paralysa trois secondes et, d'un coup, les dents serrées par la rage de me sentir plus faible que Rio, je dis en faisant claquer les "c":
>   — Sale con!
> Il était déjà sur moi. Je n'esquivai pas la lutte.
> J'étais sauvé. (*OC* II.344)

Ainsi procèdent les enfants pour éliminer les faibles. En taxant Rio de "con", Genet dit son mépris de la femme et se place du côté des durs, du mâle qui méprise la femelle qu'il considère trop faible. L'insulte est renforcée par l'acte, puisque Genet consent à se battre. Cette réaction affirme "l'homme" en lui, et lui vaut la protection de Villeroy qui, séduit par la complainte qu'il chante ce soir-là, lui épargne les hontes de la prostitution: "Au lieu d'aller de hamac en hamac, ou de voir tous les mâles ramper la nuit pour venir dans le mien, mon pote, mon marle, mon social me faisait respecter" (*OC* II.343).

Comme presque tous les enfants les plus jeunes (les minos), le Genet de *Miracle de la rose* aurait dû débuter à Mettray comme cloche. Il a la chance de devenir, immédiatement, le vautour de Villeroy, frère aîné de la famille à laquelle il appartient. Lorsque Villeroy est transféré dans une autre famille, Genet perd sa protection, devient "vautour disponible", état voisin de celui de cloche: il est violé par tous les membres de la famille. Il accède de nouveau à la position de vautour, lorsque Van Roy l'achète de Villeroy, puis Van Roy le cède à son tour à Divers. La traite des enfants est chose courante à Mettray: comme les femmes dans les sociétés primitives, les plus faibles ont la valeur d'un produit d'échange.

> Huit jours avant son départ pour Toulon, Villeroy, de la famille H, me vendit officiellement. Il me vendit à Van Roy, un marle qui fut libéré une fois, mais que sa mauvaise conduite ramena à la Colonie. Je compris enfin d'où venaient ces morceaux de fromage dont il me gavait. C'était mon prix. Pendant trois mois, Van Roy s'était privé de sa cantine pour m'acheter, et c'est moi-même qui avais dévoré ma dot, au fur et à mesure qu'on la payait. Il ne fut pas passé d'acte de vente, mais un soir, dans la cour, devant Deloffre, Divers et cinq autres marles, Villeroy dit qu'il me cédait à Van Roy... Van Roy me saisissant alors par derrière m'enferma brutalement dans ses bras et dans ses jambes. Un mois après, il s'éprit d'un autre vautour qu'il vendit. Il me céda alors à Divers que j'épousai en une noce dont j'ai parlé. (*OC* II.437)

Les rapports qui unissent la cloche au marle sont des rapports de victime et de bourreau. Si quelques cloches privilégiées parviennent, grâce à leur beauté, à se faire une situation plus élevée, la plupart sont les souffre-douleurs des marles. Violée, battue, insultée, humiliée, la cloche mène une existence pitoyable: c'est sur elle que se déferle toute l'agression contenue des plus forts.

Avec quel serrement de gorge ai-je vu parfois se déshabiller des petits corps presque bleus de haut en bas. Je me trouvais en face de l'expression terrible d'un destin qui reculait ces enfants dans la mort, ne leur laissant apercevoir de loin la vie qu'à travers une inviolable, une indéchiffrable résille de dentelle bleue. (*OC* ii.362)

Les tortures inventées par les marles, parfois en guise de passe-temps, sont dignes des personnages sadiens: les actes les plus humiliants, les plus répugnants, leur sont infligés. L'agression des durs contre les faibles est le plus souvent privée, mais elle prend parfois la forme de sacrifices collectifs. On voit alors plusieurs "durs" procéder en groupe à "l'exécution" d'une cloche ou d'un vautour. Entourant la victime, qui se sent alors encagée, ils lui font subir des tourments tel celui qu'inventa Van Roy pour Bulkaen, qui consistait à lui forcer à tenir la bouche ouverte tandis que sept marles lui crachaient dedans à tour de rôle (*OC* ii.447-49); ou cet autre tourment, rappelant les anciennes règles de l'hospitalité, qui consiste à obliger trois enfants à leur laver et leur baiser les pieds, mais se termine, de façon répugnante, en forçant un des enfants à leur nettoyer les narines avec la langue (*OC* ii.428-29). L'enfant qui subit la torture refuse d'être aidé: à Lorenque qui intervient en sa faveur, Angelo, l'enfant torturé, rétorque: "De quoi que tu t'occupes?" Les rapports entre les maîtres et les esclaves sont un mélange de haine et d'amour: "le frère aîné (est) autant aimé que craint" écrit Genet qui ajoute avoir vu "se mordre, se déchirer, sous l'oeil impassible des gardiens, les colons qui combattaient pour des raisons de préséances, pour un rang refusé à leur frère aîné" (*OC* ii.303-04). Le prestige du frère aîné se reflète sur le reste des membres de la famille comme celui du souverain sur ses sujets[7].

[7] Un des signes visibles servant à marquer l'appartenance à un niveau spécifique de la hiérarchie est le tatouage. Genet parle de "l'Ordre des Tatouages" comme d'une véritable chevalerie: "Une chevalerie, mais encore une sorte de noblesse d'empire avait été créée et ne tenait pas compte des tatouages antérieurs que l'on avait pu se faire graver en prison ou dans d'autres colonies. Pourtant, le prestige des parchemins plus anciens imposait le respect des marles d'ici pour les marles tatoués ailleurs" (*OC* ii.348). Chaque figure héraldique correspond à un grade déterminé: L'Aigle, la Frégate, l'Ancre de Marine, le Serpent, la Pensée, les Etoiles, la Lune et le Soleil. Le passage à un ordre ascendant requiert l'autorisation tacite des chefs: "Villeroy refusait à Beauvais l'autorisation de l'Aigle. Le mois passé, il lui avait accordé la Frégate. Pour l'Aigle, qu'il attende, mais Beauvais voulut passer outre. Il en mourut" (*OC* ii.346-47).

Mettray pose les bases de la société criminelle en établissant le modèle d'exploitation qui sera suivi à l'âge d'homme. Ainsi, la cloche subjuguée par le marle de Mettray deviendra la tante-fille exploitée par le mac de *Notre-Dame-des-Fleurs*. C'est à Mettray que se fait l'apprentissage de la prostitution. Celle-ci est, à ses débuts, moins affaire de gain que mesure de protection: le caïd protégera sa "femme", se battra pour elle, car toute insulte qui lui est faite est ressenti personnellement, la femme étant un attribut, un ornement de la puissance du fort. Si la cloche de Mettray a son pendant dans la tante-fille du monde adulte, les "durs", les "marles" de Mettray deviendront surtout casseurs. Par contre, l'éducation du "mac" se fait en dehors du système pénitencier: "Je ne me souviens pas d'avoir connu d'anciens colons devenus macs", écrit Genet (*OC* II.352). C'est que le métier de souteneur s'apprend jeune, au contact d'autres macs experimentés, et les colons restent en correction jusqu'à dix-huit ou vingt ans. Et donc, leur rapport à la femme est différent: habitué à elle, le mac l'exploitera, tandis que le casseur qui n'aura eu durant toute son adolescence d'autres contacts avec elle qu'en rêve, l'idéalisera: "A Mettray, nous n'avons rêvé d'une femme que pour la caresser" (*OC* II.353). Pour le casseur, la femme reste l'inconnu et ses sentiments envers elle, mélange de timidité et de peur, l'empêchent de l'exploiter, et parfois même de l'aimer, d'où la fréquence de l'homosexualité parmi les casseurs. Ceux-ci restent donc des gamins: "Pour les macs, les casseurs sont des pauvres types, des pauvres macs qui vont se mouiller" (*OC* II.302-03). Le succès auprès des femmes confère au mac une supériorité qu'il retient même lorsqu'il n'exploite plus la femme, mais la tante-fille.

Les macs et les casseurs constituent les deux catégories de "durs" du monde adulte, les macs étant ceux qui ont choisi l'exploitation des autres comme activité et les casseurs, le vol, plus spécifiquement, le cambriolage. Ces activités sont toutes deux de nature parasitaire, mais tandis que le casseur vit directement de l'exploitation de la société, le mac exploite les membres de son propre groupe, fait qui le rend d'autant plus abject, mais rehausse son prestige dans ce monde aux valeurs renversées.

Aristocratie des bas-fonds, les macs dédaignent le travail et préfèrent exploiter la femme ou l'homosexuel mâle de qui ils vivent. L'on comprend pourquoi, à l'intérieur d'une hiérarchie qui attache la plus grande valeur à l'abject, ceux-ci ont un rôle légèrement supérieur.

Car le travail, même illégal, auquel se livre le casseur constitue une sorte d'adaptation—bien que négative,—des valeurs de la société bourgeoise. En refusant de travailler, le mac échappe, se met en dehors du système utilitaire de la société. Lorsque Mignon-les-Petits-Pieds, le prototype du Mac ("L'Eternel sous forme de mac" [*OC* II.157]) est arrêté pour vol, il répond, quand on lui demande sa profession: "Pas de profession, moi. J'bosse pas" (*OC* II.160). Tout travail est une forme de servitude, et l'asservissement est incompatible avec les valeurs aristocratiques du mac. Et donc: "La nuit, selon l'usage", lisons-nous dans *Notre-Dame-des-Fleurs*, "Divine trime Place Blanche, et Mignon va au cinéma" (*OC* II.30-31).

Le couple de l'exploitant-exploité trouve une de ses formes les plus parfaites dans le mac et la tante-fille. Dans *Notre-Dame-des-Fleurs*, Genet nous décrit de façon stylisée, à travers la figure de Divine et celle de Mignon, sa vie de prostitué mâle avec Stilitano à Barcelone et Armand à Anvers. Divine, dans *Notre-Dame-des-Fleurs* et Genet, dans *Journal du voleur*, vivent de l'homosexualité. Pour attirer les clients, il leur faut donc se signaler par tout un comportement: roulement des hanches, postures aguichantes, vêtements serrés qui forment un langage corporel. Fait peut-être surprenant, le travestissement est rare chez Genet. Si nous excluons les pièces de théâtre, l'oeuvre ne compte que deux exemples: celui de Divine (robe 1900 en soie noire brodée de jais, jaquette rose et éventail pailleté) et de Notre-Dame (gainée d'une robe noire et aux cheveux une fleur de velours) se rendant au cabaret avec le noir Seck Gorgui (*OC* II.138)[8]. Nous trouvons aussi un second épisode, plus nettement autobiographique, dans *Journal du voleur*, où Genet raconte comment, poussé par Stilitano, il fut forcé de comparaître

---

[8] Nous nous référons ici à cette "comédie de l'homosexualité" que constitue le travestissement. Etant donné le goût de Genet pour la caricature et l'exagération, on aurait pu s'attendre à ce qu'elle jouât un plus grand rôle dans son oeuvre. En fait, toute l'oeuvre de Genet peut être considerée dans un sens très général comme un développement du thème de l'imposture et du travestissement. Au théâtre, *Les Bonnes* constituent l'exemple le plus frappant de cette "perversion". Si les indications de Genet avaient été suivies, le rôle des bonnes aurait été joué par des hommes. Dans *Les Nègres*, nous trouvons un autre exemple de travestissement dans le fait que le rôle de la Blanche violée est joué par un homme noir. Toutefois, il nous semble que le travestissement homosexuel ne constitue qu'un cas particulier du goût de Genet pour la caricature outrée et l'imposture. Ainsi, dans *Les Nègres*, la Cour blanche est décrite ainsi: "Chaque acteur en sera un Noir masqué dont le masque est un visage de Blanc posé de telle façon qu'on voie une large bande noire autour, et même les cheveux crépus..." (*OC* V.82).

au cabaret "La Criolla" à Barcelone vêtu d'un jupon andalou, avec corsage, mantille et éventail (*JV* 70-73). Mais c'est là l'exception. La plupart du temps, ce sont les détails qui sont révélateurs: Divine prenant le thé chez Graff à Montmartre est habillée d'une chemisette de soie champagne, d'un pantalon volé à un matelot, d'une gourmette à la cheville et d'un mouchoir fleuri. C'est le geste, le sourire, l'accessoire (le mouchoir) qui indiquent son état. Le travestissement invisible n'en est pourtant que plus présent. "Son thé bu, Divine, indifférente (il semblait, à la voir), se tortillant dans une gerbe de fleurs, semant froufrous et paillettes d'un falbala invisible, s'en fut" (*OC* II.26). Subtils ou non, les marques "d'infamie" sont présentes.

Pour désigner la tante-fille, l'homosexuel qui joue le rôle de la femme, Genet emploie presque exclusivement le genre féminin. Comme les Italiens disent, en parlant d'une grande artiste, "La Diva", exprimant ainsi l'admiration, voire la dévotion qu'inspire un être extraordinaire; ou, de même que l'Espagnol signifie son mépris pour une personne vulgaire ou de petite vertu en parlant de "la Carmen", "la fulana", Genet fait souvent précéder les noms des tantes de l'article défini féminin, désignant ainsi simultanément leur grandeur et leur abjection. Ainsi, nous avons "La grande Mimosa", et "la Divine", qu'il faut pourtant se garder de confondre avec de "vraies" femmes.

> Je vous parlerai de Divine, au gré de mon humeur mêlant le masculin et le féminin et s'il m'arrive, au cours du récit, d'avoir à citer une femme, je m'arrangerai, je trouverai bien un biais, un bon tour, afin qu'il n'y ait pas de confusion. (*OC* II.24)

L'emploi de l'argot, ainsi que tout comportement jugé "mâle" est défendu à la tante. Elle a son langage particulier qui la rend facilement reconnaissable: vocabulaire et style maniérés (à propos de Divine, Genet parle de son style de tragédienne), emploi excessif de superlatifs, de diminutifs, d'expressions mièvres.

> Ayant à exprimer un sentiment qui risquait d'amener l'exubérance du geste ou de la voix, les tantes se contentaient de dire: "Je suis la Toute Toute," sur un ton confidentiel, presque de murmure, souligné d'un petit mouvement de leur main baguée qui apaise une tempête invisible. Le familier qui avait connu, du temps de la grande Mimosa, les cris éperdus de liberté obtenue, les gestes fous d'audace provoquée par des sentiments gonflés de désirs crispant les bouches, illuminant les yeux, montrant les dents, se demandait quelle douceur mystérieuse remplaçait les passions échevelées. (*OC* II.55)

Divine travaille pour Mignon, et après la rencontre de Mignon et de Notre-Dame, elle travaille pour les deux hommes. La tante se caractérise par un dévouement total au mac, qui la maltraite, l'insulte, et la quitte sans remords: "En un clin d'oeil, après six ans d'union, sans se croire attaché, sans penser faire mal ni faire du mal, Mignon décida d'abandonner Divine" (*OC* II.54). Si la tante est tout sentiment, le mac se caractérise par l'égoïsme, la vanité, et une absence totale de sensibilité: Stilitano donne à Genet un paquet contenant de l'opium. Après lui avoir ordonné de passer la frontière à pied, lui-même prend le train. En arrivant à Anvers, Genet apprend ce que le paquet contient. Voici sa réaction: "Je ne méprisai point Stilitano de m'avoir exposé au danger d'être pris à sa place. — C'est normal, me disais-je, c'est un salaud et je suis un con" (*JV* 137).

Dès sa rencontre avec Mignon, Divine reconnaît le mac: "Par la façon qu'il a de parler, de fumer sa cigarette, Divine a compris que Mignon est un maquereau. Elle eut d'abord quelques craintes: d'être rouée de coups, dévalisée, insultée. Puis elle eut l'orgueil d'avoir fait jouir un mac" (*OC* II.30). Mais les gestes corporels ne sont pas les seuls indices du mac. Tout un code vestimentaire le caractérise. Voici Mignon descendant la rue Dancourt qui s'observe dans la glace d'une devanture:

> Il vit ce Mignon vêtu d'un costume Prince de Galles, chapeau mou sur l'oeil, épaules immobiles, qu'il garde ainsi en marchant pour ressembler à Pierrot-du-Topol, et Pierrot les garde pour ressembler à Polo-la-Vache et Polo pour ressembler à Tioui et ainsi de suite: une théorie des macs purs, sévèrement irréprochables, aboutit à Mignon-les-Petits-Pieds, faux jeton, et il semble que de s'être frotté à eux, de leur avoir dérobé l'allure, il les ait— vous diriez souillé de sa propre abjection, je le veux ainsi pour ma joie, gourmette au poignet, cravate souple comme une langue de feu, et ces extraordinaires chaussures qui ne sont qu'aux macs, jaune très clair, fines, pointues. (*OC* II.33)

Dans *Journal du voleur*, une description semblable nous est donnée de Stilitano, compagnon de misères de Genet à Barcelone, qu'il rencontre, enrichi, cinq ans plus tard à Anvers. Stilitano vit de sa "femme" Sylvia, prostituée qu'il maltraite et roue de coups.

> Trouver l'accord de ce qui est de mauvais goût, voilà le comble de l'élégance. Sans faillir, Stilitano avait su choisir des souliers de crocodile jaune et vert, un costume marron, une chemise de soie blanche, une cravate rose, un foulard multicolore et un chapeau vert. Tout cela était

retenu par des épingles, des boutons et des chaînettes d'or, et Stilitano était élégant. (*JV* 127)

Mais c'est surtout par son langage parlé que le mac se distingue. Si la langue des tantes se caractérise par la pudeur, les sous-entendus, les expressions contournées, celle des macs et des autres durs n'est pas moins pittoresque: c'est l'argot, langue de la force et des expressions violées.

> L'argot servait aux hommes. C'était la langue mâle. Ainsi que chez les Caraïbes la langue des hommes, il devenait un attribut sexuel secondaire... Tout le monde pouvait le comprendre, mais seuls le pouvaient parler les hommes qui, à leur naissance, ont reçu en don les gestes, le port des hanches, les jambes et les bras, les yeux, la poitrine, avec lesquels on peut le parler... L'argot dans la bouche de leurs hommes troublaient les tantes, mais les troublaient moins les mots inventés, propres à cette langue (par exemple: fandar, liquette, guincher), que les expressions venues du monde habituel, et violées par les macs, adaptées par eux à leurs besoins mystérieux, perverties, dénaturées, jetées au ruisseau et dans leur lit. Par exemple, ils disaient: "en souplesse", ou encore: "Partez, vous êtes guéri". Cette dernière phrase, détachée de l'Evangile, sortait de lèvres où restait toujours au coin un brin de tabac mal craché. Elle était dite en traînant. Elle achevait le récit d'une aventure qui s'était bien terminée pour eux... (*OC* ii.38-39)

L'argot des durs a donc une valeur d'exclusion; il affirme l'altérité du groupe à la fois qu'il exclut les non-initiés. Mais l'argot a aussi une valeur transgressive: il est viol, détournement, violence, appropriation du mot à des fins non sanctionnées. D'où son attrait: il symbolise le geste même du criminel.

Dans le monde adulte de Fontevrault, les "durs" sont formés de deux groupes: celui des casseurs et des macs, deux factions qui se tiennent en respect. "...Si les macs et les casseurs, tout en formant des groupes distincts, se parlaient de choses banales, nécessitées par le travail et la vie commune, ils ne se permettaient, les uns à l'égard des autres, aucun mot trop osé" (*OC* ii.238). Le vol est le type de crime le plus courant chez Genet. Tous les personnages le pratiquent: Divine même, prototype de la tante-fille, est arrêtée plusieurs fois pour vol. La chambre qu'elle invite Mignon à partager est "traversée des fils électriques du radiateur volé, de la radio volée, des lampes volées" (*OC* ii.30). Même Mignon, quintessence du mac, est voleur (à la fin de *Notre-Dame*, il est incarcéré pour vol). Mais sa spécialité est le vol à l'étalage, type de vol inférieur à celui que pratique le "casseur". Pour

Genet, *le* casse est placé sous le signe de la virilité. Dans *Miracle de la rose*, Genet raconte l'effet libérateur qu'eut sur lui la découverte du cambriolage qui lui permit de dépasser le stage de la prostitution et de la mendicité (stade du Genet asservi à Stilitano et de Divine) pour accéder à un type de vie plus noble. Si, pour les macs "les casseurs sont des caves, des pauvres mecs, qui vont se mouiller", pour les casseurs, le monde du cambriolage est revêtu d'une noblesse que ne connaissent point les macs:

> ...Je n'ai voulu par ce livre que montrer l'expérience menée d'un état de pénible torpeur, de vie honteuse et basse, occupée par la prostitution, la mendicité, et soumise aux prestiges, subjuguée par les charmes du monde criminel. Je me libérai par et pour une attitude plus fière. (*OC* II.243)

A l'encontre du mac qui est "un salaud", traître, retors, le casseur se caractérise par la brutalité, la franchise: "le casseur ne peut avoir de sentiments vils... Ses ruses sont des ruses de guerrier, et non d'aigrefin" (*OC* II.242). Botchako, le plus terrible casseur de Fontrevault, est une grosse brute à l'allure de boxeur dont "le front était si étroit qu'il ne pouvait contenir assez de raison pour pouvoir arrêter une colère en train" (*OC* II.237). A lui s'oppose le mac, "le hareng" Lou-du-Point-du-Jour, blond, "dont les sourcils paraissaient des épis de seigle collés sur le front stylisé" (*OC* II.238).

A la Colonie de Mettray, les colons avaient pour chef le "frère aîné". C'est le rôle de prévôt qui remplace, à la Centrale, celui du frère aîné de Mettray. Lorsque Genet revoit Divers à Fontrevault, il commande la ronde de la Salle de Discipline. Comme Villeroy son ancien "caïd" et frère aîné de la famille B à laquelle appartenait Genet, Divers est parmi les plus durs (et sûrement les plus traîtres), puisqu'il est choisi pour diriger les autres prisonniers. Ainsi que "la donneuse", le traître qui dénonce son complice à la police, le frère aîné et le prévôt occupent un stade intermédiaire entre la police, l'institution punitive dont ils sont les agents, et les autres criminels.

> Je déteste et j'adore les prévôts. Ce sont des brutes choisies par le directeur ou par le surveillant-chef. Partout où j'ai été sous la surveillance d'un prévôt, celui qui détenait le sceptre était précisément celui-là même que j'eusse choisi, et non à cause de sa force physique, ni de sa brutalité, mais de par une préférence secrète comme on choisit un favori. C'était presque toujours le plus beau. On dit que les chevaux sauvages qui s'élisent un roi choisissent le plus harmonieux d'entre eux. Ainsi choisissent les surveillants-chefs et les directeurs leurs prévôts — et quelle

gueule feraient-ils si on le leur disait! — et ainsi choisissait à Mettray le chef de famille son "frère aîné". (*OC* ɪɪ.303)

L'attraction que Genet éprouve envers Villeroy, son amant à Mettray, et Divers, son amant à Fontevrault, le sentiment donc qui le porte à s'associer à des êtres qui, tout en appartenant au monde criminel, collaborent avec les agents de l'administration du système punitif, préfigure le goût de Genet pour la trahison, question que nous aborderons dans notre prochain chapitre.

Il nous reste maintenant à parler des assassins, et surtout, de la figure achevée du criminel qu'est le condamné à mort, l'être qui a su, écrit Genet, "pousser (notre aventure à nous tous) jusqu'à sa pointe la plus ténue: la mort sur l'échafaud qui est notre gloire" (*OC* ɪɪ.223).

Lorsque Genet écrit *Miracle de la rose*, il vient d'être condamné à la Relègue: il devra passer tout le reste de sa vie en Centrale. Cet emprisonnement à perpétuité est, lui aussi, une condamnation à mort: Genet appelle les relégués "les condamnés à mort pour toute leur vie" (*OC* ɪɪ.255), et nous parle de leur sainteté.

Reparler de sainteté à propos de relégation fera crisser vos dents inhabituées aux nourritures acides. Pourtant la vie que je mène requiert ces conditions d'abandon des choses terrestres qu'exige de ses saints l'Eglise et toutes les églises. Puis elle ouvre, elle force une porte qui donne sur le merveilleux. Et la sainteté se reconnaît à ceci, c'est qu'elle conduit au Ciel par la voie du péché. (*OC* ɪɪ.255)

Mais si le relégué atteint une espèce de sainteté par son détachement des choses humaines, le condamné à mort, celui qui a encouru la peine capitale, surpasse encore ce stade. Il est déjà mort, entièrement en dehors de toute emprise humaine. Solaire, solitude, diamant, éclat, auréole, joyau, astre sont les termes employés par Genet pour désigner l'être glorieux qui incarne cette coupure avec l'ordre humain. Genet cite les mots prononcés par l'assassin Weidmann lorsqu'il apprit du jury sa mort prochaine: "Je suis déjà plus loin que cela" et qui illustrent ce dépassement (*OC* ɪɪ.13). Les hommes n'ont plus aucun pouvoir sur le condamné à mort: voulant punir Harcamone, le directeur de la prison tremble d'impuissance: "Pour punir Harcamone, le directeur eut dû attendre que la mort fut commuée en travaux forcés à vie" (*OC* ɪɪ.357). Harcamone est le personnage qui incarne le mieux l'assassin glorieux. C'est autour de lui que gravite toute la prison. Enfermé dans son cachot, il est, comme Dieu, partout présent et nulle part visible: "...Il restait invisible dans la cellule des condamnés à mort" (*OC* II.230). Genet lui voue un véritable culte, un amour mysti-que, violent, une véritable adoration. Mais, comme nous le verrons par la suite, la seule valeur du condamné à mort est basée sur la forme idéale que Genet lui attribue.

Genet parsème ses récits de noms d'assassins légendaires, tel Vacher l'Eventreur, qui vécut à la fin du dix-neuvième siècle, ou d'assassins contemporains, tel Pilorge, dont la fonction est parfois d'illustrer telle idée de Genet, lui permettant de mélanger la fiction et la réalité de sorte que nous ne savons si leur citation, à l'intérieur du texte, vient renforcer l'illusion de la réalité ou si leur mention, dans un texte si résolument fictif, n'a pas l'effet de les déréaliser[9].

L'étude des assassins réels ou fictifs qui peuplent les romans de Genet nous révèle que, tout idéalisés qu'ils soient, ceux-ci ne diffèrent pas sensiblement des autres "durs" autour desquels se trament les romans. Ce sont pour la plupart d'anciens casseurs qui, comme Harcamone, tuent un gardien dans un moment de désespoir, ou des macs comme Clément Village qui tuent leur maîtresse dans un moment de rage, ou de jeunes voyous comme Notre-Dame qui, pris de panique lors d'un vol, tuent leur victime. L'importance que leur accorde Genet est plus "spirituelle" que réelle car, isolés des autres dans leur cachot, les condamnés à mort sont, pratiquement parlant, morts. Ajoutons que l'assassinat, chez Genet, est rarement prémédité. C'est plutôt le résultat presque accidentel de l'activité des petits criminels.

Si nous nous plaçons en dehors de la narration, nous pouvons dire que le type même du criminel genétien est l'assassin imaginaire qui projette son crime mais ne le réalise pas vraiment. En effet, Genet illustre bien le fait que tout projet de crime n'est pas nécessairement réalisé:

> L'assassinat n'est pas le moyen le plus efficace de rejoindre le monde de l'abjection. Au contraire, le sang versé, le danger constant où sera son corps qu'on peut un jour ou l'autre décapiter (le meurtrier recule mais son recul est ascendant) et l'attrait qu'il exerce car on lui suppose, pour si bien s'opposer aux lois de la vie, les attributs les plus facilement imaginés de la force la plus grande, empêchent qu'on méprise ce cri-minel. D'autres crimes sont plus avilissants: le vol, la mendicité, la tra-hison, l'abus de confiance, etc., *C'est ceux-là que j'ai choisi de commettre, cependant que toujours je demeurais hanté par l'idée d'un meurtre qui, irrémédia-blement, me retrancherait de votre monde.* (*JV* 113; nous soulignons)

---

[9] Nous donnons en appendice une description des principaux assassins qui se ren-contrent dans l'oeuvre de Genet.

L'aptitude à assouvir leurs désirs sur le plan imaginaire se trouve aussi chez les personnages de Genet. Ernestine, mère adoptive de Divine, incarne merveilleusement cette tendance. Grande tragédienne, Ernestine s'est construit un appartement imaginaire qui lui sert de décor somptueux aux nombreux suicides qu'elle projette. "Morte déjà quatre ou cinq fois", lisons-nous, elle décide de tuer son fils malade: "l'appartement était resté disponible pour un drame plus grave que sa propre mort" (*OC* II.19). Suit une description humoristique de la scène d'homicide non-réussie:

> Elle tira. La balle s'en alla briser la vitre d'un cadre qui enfermait un diplôme d'honneur de feu son mari. Le bruit fut épouvantable. Assommé par les somnifères, l'enfant n'entendit rien. Ernestine non plus: elle avait tiré dans l'appartement de velours grenat, et la balle brisant les glaces biseautées, les pendeloques, les cristaux, les stucs, les étoiles, déchirant les tentures, détruisant enfin la construction qui s'écroulait, fit tomber, au lieu de poudre brillante et de sang, le cristal du lustre et des pendeloques, une cendre grise sur la tête d'Ernestine, qui s'effondra. (*OC* II.20)

Pour Ernestine, la mort de Divine est vécue comme un rite qui lui permet de "se libérer par un désespoir extérieur, par un deuil visible fait de larmes, de fleurs, de crêpe, des cent grands rôles qui la possèdent" (*OC* II.17). Nous trouvons un autre exemple de crime imaginaire dans *Les Bonnes*, où Claire et Solange projettent le meurtre de leur maîtresse mais ne le réalisent pas. Obsédé par l'idée de crime, Genet nous dit n'en avoir jamais commis. L'on ne peut manquer d'être surpris, au point de donner raison à la psychanalyse pour qui Genet serait un névrosé qui satisferait ses désirs symboliquement, au moyen de l'écriture, du fait qu'il fait couler tant d'encre sur un type de crime qu'il n'a jamais commis!

2. L'Enfant criminel

Genet a décrit, dans *L'Enfant criminel*, les principales composantes de la personnalité criminelle. Si nous suivons le mouvement du texte, nous trouvons d'abord une attitude sentimentale et poétique: c'est avec tendresse que Genet évoque "ces petits gars sans pitié" dans lesquels il se reconnaît, attitude renforcée par l'idéal de l'enfant délinquant, fier, courageux, choisissant son destin. Ce n'est pas la pitié que suscite l'enfant, mais l'admiration due à un être suffisamment fort pour s'élever contre la puissance de la loi. Aussi Genet soutient-il une position assez surprenante car il commence son essai par une accusation des réformateurs bien intentionnés.

Les pénitenciers étaient jadis, et devraient toujours être, les meilleurs centres d'éducation criminelle dont le produit final correspond à l'idéal genétien, le criminel endurci, quintessence de la force et de la virilité. Or, en introduisant un relâchement dans la discipline, les réformateurs risquent de diminuer la violence qu'il faut plutôt cultiver dans l'enfant criminel. En convertissant Mettray en centre de rééducation, en introduisant des réformes qui ont pour but d'accroître le confort matériel et d'adoucir la discipline, les réformateurs ont porté un coup décisif: "Mettray a disparu" (*OC* ii.383). Cette dangereuse mollesse se reflète même dans la terminologie: aux vieilles appellations qui indiquaient clairement l'intention punitive ("Maisons de correction", "Pénitenciers"), se substituent les termes "trop polis" de "Patronage pour le relèvement moral", "centre de rééducation", termes "révélateurs d'une hygiène assez niaise" (*OC* v.381). Aussi trouvons-nous Genet approuvant la sévérité des bagnes, une sévérité que l'enfant lui-même choisit. A en croire Genet, la punition n'est pas seulement souhaitée par le jeune délinquant, mais à la façon du masochiste qui souffle ses paroles au bourreau, *dictée* par lui. L'enfant "exige que le bagne qu'il a mérité soit féroce, digne du mal qu'il s'est donné pour le conquérir" (*OC* v.383).

> Ces cruautés que j'énumérerai, je ne les imputerai pas aux directeurs ni aux gardiens d'autrefois: ceux-ci n'en étaient que les témoins attentifs, féroces aussi, mais conscients de leur rôle d'adversaires. Ces cruautés devaient naître et se développer nécessairement de l'ardeur des enfants pour le mal. (*OC* v.383)

A sa sortie, l'enfant qu'il était à son arrivée à la Maison de correction sera mort. Mais cette mort est désirée: si le collège est fait *pour* l'enfant, dit Genet, le pénitencier est fait *par* l'enfant. Orgueil, simple jactance, pouvons-nous penser, de celui qui ne tolère aucune domination, car en insistant sur le fait que l'enfant recherche la punition et exige la plus grande cruauté, Genet affirme son autonomie et même sa maîtrise par rapport à la justice. La justice, dit-il, sert le criminel. Oter la punition, c'est ôter à la criminalité une grande partie de son pouvoir: car qu'est-ce qu'un crime non reconnu, non puni? "Personne ne peut excuser le crime s'il n'est d'abord coupable et condamné" (*OC* v.388). La punition sert de cachet distinctif, de sceau d'authenticité ou de lettres de créance de l'acte criminel. Par un subterfuge qui permet à l'esclave de se libérer de la servitude en la faisant sienne, le criminel réclamant sa peine affirme par son geste la maîtrise de soi.

Pour Genet, le mal est une aventure esthétique. Les réformateurs, les hommes bien pensants ne voient pas qu'ils menacent de détruire la fascination, la beauté et la poésie des pénitenciers tels que Mettray, "forteresse de lauriers et de fleurs", ou de ces autres bagnes, "épars dans la campagne française, souvent dans la plus élégante" (*OC* v.381). L'amélioration des conditions matérielles s'est faite aux dépens de la destruction d'une vie fascinante, hors du commun: "on accorde aux criminels une vie voisine de la vie la plus banale" (*OC* v.384)[10]. Toutefois, l'édulcoration de la vie punitive ne pourra satisfaire le goût profond du mal que partagent les jeunes délinquants: le merveilleux du monde criminel ne peut trouver de substitut dans "l'hygiène niaise" des réformateurs. "A la beauté des voyous plus âgés qu'ils admirent, aux fiers assassins, vous ne pourrez jamais opposer que des surveillants ridicules, étriqués, dans un uniforme mal coupé et mal porté" (*OC* v.392). Si, pour Genet, la beauté du geste criminel équivaut souvent à la force de courage qu'elle requiert, beauté signifie aussi ornement, pose. L'univers de Genet est un univers vide, arbitraire, où la grandeur, le courage ne sont souvent qu'une affaire d'apparence. Genet est l'apologue du toc, du mauvais goût, de l'objet faux qui révèle l'envers de la chose, tel le chapelet vermiculé qu'égraine la petite bonne lors de l'enterrement de son fils (*Pompes funèbres*) ou l'énorme rose d'étamine clouée à la porte du grenier de Divine[11].

---

[10] Autre exemple de banalisation, Genet cite le remplacement des belles complaintes sentimentales et obscènes chantées le soir dans les dortoirs par de ridicules chants de route.

[11] La petite "bonniche" de la mère de Jean Decarnin a eu un enfant mort-né avec lui. Genet imagine l'enterrement de l'enfant et y présente la bonne tantôt comme une mère éplorée, tantôt comme ayant désiré la mort de son enfant. L'enterrement est décrit de façon surréaliste ("Ce livre est vrai et c'est une blague" écrit Genet au milieu de la narration), les scènes sadiques se succédant de façon assez fantaisiste (la bonniche est violée par deux fossoyers, Hitler apparaît à un balcon, etc.). Le chapelet vermiculé signifie à la fois la déchéance de la religion et la fausseté de la prière de la mère de la fillette qui désirait sa mort et l'a peut-être causée. L'instrument qui sert à la prière est rongé par les vers, pourri, noir, comme les sentiments et les prières des personnages.

La rose d'étamine que Divine cloue à la porte de son grenier signifie à la fois sa fleur perdue (Divine est une prostituée), et la nature artificielle de cette "fleur": Divine est un homme, une tapette qui joue le rôle d'un femme artificielle.

Or, voilà maintenant que Genet crie au sacrilège: les rôles sont renversés et le simulacre est maintenant du côté du Juste. C'est aux enfants criminels qu'appartient la majesté. Genet ne peut cacher son mépris pour une société caractérisée par le toc et qui, ayant cessé de croire aux valeurs qu'elle prône, observe à peine les formes:

> …Par un grave laisser-aller vous venez au prétoire avec une robe rapié-cée dont les revers parfois ne sont même plus de soie, mais de rayonne ou de lustrine. L'enfant criminel ne croit plus en votre dignité car il s'est aperçu qu'elle était faite d'une ganse déteinte, d'un galon décousu, d'une fourrure râpée. Le lucre, la poussière et la pauvreté de vos séances, les désolent. (*OC* v.391)

La dégradation des ornements marque la déchéance de la moralité. Genet, dont le moralisme perce à nouveau, dénonce une société incapable de maintenir ses valeurs, critique un système où le criminel tend de plus en plus à être assimilé, confondu avec le Juste et où l'acte criminel, à force d'être toléré, tend à s'amoindrir au point de perdre sa valeur transgressive:

> La société cherche à éliminer, ou à rendre inoffensifs, les éléments qui tendent à la corrompre. Il semble qu'elle veuille diminuer la distance morale entre la faute et le châtiment, ou mieux, le passage de faute à l'idée de châtiment. Une telle entreprise de castration va de soi. Elle ne m'émeut guère. (*OC* v.384)

Ainsi Genet accuse d'indulgence une société qui ne sait plus maintenir ses limites, qui efface la ligne de partage entre le bien et le mal, et où le délinquent est devenu apprenti. Pourtant, dit-il, ces réformes ne touchent que la surface: ce sont des réformes de forme. Un facteur lie ces enfants et continue à les séparer du reste de l'humanité: leur amour du mal. Genet insiste sur le fait que l'enfant porte le mal profondément en lui et que la société ne peut vraiment le changer: tout au plus opérera-t-elle un changement superficiel, le forçant à cacher ses désirs secrets, sans pour cela les détruire.

C'est toute une mystique du mal que Genet expose dans son texte: le mal est l'indicible, le je ne sais quoi qui trouble et a, seul, le pouvoir d'émouvoir. Le mal, c'est "cette part nocturne de l'homme qu'on ne peut explorer, où l'on ne peut s'engager que si l'on s'arme, si l'on s'enduit, si l'on s'embaume, si l'on se couvre de tous les ornements du langage" (*OC* v.386). Instinct ou vocation, seul le mal suscite en lui "l'enthousiasme verbal, signe ici de l'adhésion de (son) coeur" (*OC* v.386). Le mal est ce vers quoi Genet est porté instinctivement par ses sentiments.

> En effet, je ne connais d'autre critère de la beauté d'un acte, d'un objet ou d'un être, que le chant qu'il suscite en moi, et que je traduis par des mots afin de vous les communiquer: c'est le lyrisme. Si mon chant était beau, s'il vous a troublé, oserez-vous dire que celui qui l'inspira était vil? (*OC* v.387)

Dans la première partie de *L'Enfant criminel*, Genet nous présente la criminalité comme une tendance instinctive, mais aussi, comme une conduite délibérement choisie. L'acte criminel est un comportement d'élection, et l'enfant qui refuse l'indulgence sait que son acte est volontaire. Contre la société, Genet affirme la valeur de ce type de conduite et demande aux enfants qui s'y livrent "de ne rougir jamais de ce qu'ils firent, de conserver intacte la révolte qui les a faits si beaux" (*OC* v.388). Cependant ce n'est qu'en considérant le pouvoir de fascination, le charme—mot dont nous retenons le sens fort d'ensorcellement, d'envoûtement—qu'exerce sur l'enfant l'idéal romantique du mal que Genet parle de celui-ci comme d'une vocation ou d'un instinct premier inexplicable. Jusqu'ici Genet nous présente le criminel dans toute sa gloire: fier de son acte, conscient de l'avoir commis, courageux et beau. "Romantiques bavardages, dites-vous", écrit-il lucidement (*OC* v.390)[12]. Sa stratégie est de minimiser l'efficacité des institutions sociales et de renforcer le côté volontaire et puissant de la conduite criminelle. Mettray, tous les pénitenciers ne sont pas des lieux de réforme, mais des endroits où les jeunes criminels vont parfaire leur audace et s'endurcir au moyen de rigueurs qui leur servent d'épreuves. Mais ce texte ne serait pas "du Genet" s'il n'était travaillé par son contraire.

Dès la première partie où Genet nous parle des efforts soi-disant infructueux, inefficaces, vains des réformateurs pour convertir le criminel, nous repérons les semences d'une attitude qui va croître progressivement et finir par envahir tout le texte. Nous rencontrons cette

---

[12] Soulignons, pourtant, que Genet n'est pas dupe de son langage. Lui-même perçoit ce qu'il recèle de fausseté, comme l'indique cette réflexion, à laquelle nous avons déjà fait allusion, placée dans la note en tête de son discours: "J'eusse voulu faire entendre la voix du criminel. Et non sa plainte, mais son chant de gloire. Un vain souci d'être sincère m'en empêche, mais d'être sincère moins par l'exactitude des faits que par obéissance aux accents un peu rauques qui seuls pouvaient dire mon émotion, l'émotion et la vérité de mes amis" (*OC* v.379).

attitude à propos des efforts, de la part des autorités, pour interdire l'usage de l'argot dans les patronages. Genet nous dit avoir surpris un jeune délinquant utiliser le même mot employé jadis à Mettray pour décrire un enfant qui s'évade: "Quand je vous ai dit que le copain s'était sauvé, ne répétez pas au directeur que j'ai dit qu'il s'était biché", l'avertit l'enfant (*OC* v.385). Ce trait, mentionné par Genet afin de prouver l'inefficacité des mesures adoptées par les autorités, laisse entrevoir une conception du criminel à l'opposé de l'image glorieuse qu'il s'évertue à nous présenter. Car la figure forte et défiante du criminel endurci est loin de trouver son image dans celle de la biche, noble et bel animal, mais aussi, tendre victime par excellence. L'on songe, en lisant ce passage, au poème si connu des jeunes écoliers:

> La biche brâme au clair de lune
> Et pleure à se fendre les yeux.
> Son petit faon délicieux
> A disparu dans la nuit brume...[13]

Ces vers ne renvoient pas au renne, dont les cornes symbolisent le défi, mais à sa femelle, sans défense, impuissante devant la perte de son petit. Poème de l'enfant/biche tué, victime de l'homme. C'est bien la chasse à l'enfant qu'évoque Genet dans l'image de la biche traquée: "Il avait lâché le mot. C'est lui-même que nous employions à Mettray pour parler du gosse qui s'évade, se sauve, que les paysans vont courre comme une biche" (*OC* v.385)

La thèse de Genet quant à l'impuissance des autorités face à la ruse des enfants se tourne en son contraire et marque l'impuissance des enfants persécutés par la société. L'image de la biche médiatise deux visions opposées de l'enfant criminel: le criminel-bourreau et le criminel-victime. Toute une nouvelle thématique s'introduit dès lors, thématique quasi souterraine car Genet continue toujours à exalter la puissance de révolte du criminel. Mais l'image du criminel-victime gagne du terrain au fur et à mesure, et finit par se manifester de façon éclatante vers la fin du texte.

Genet nous raconte l'histoire des vingt couteaux confisqués par le directeur d'un des patronages. Ces vingt couteaux sont en fer-blanc, fait qui provoque l'étonnement de ce fonctionnaire qui ne comprend pas, dit Genet, leur valeur symbolique.

---

[13] Jusqu'à présent nous n'avons pu trouver l'auteur de ce poème pourtant si connu. Si notre mémoire nous fait défaut quant à l'auteur, nous ne pensons pas qu'elle défaille quant au contenu.

Monsieur Genet, me dit-il, l'Administration m'oblige à leur enlever ces couteaux. J'obéis donc. Mais regardez-les. Voulez-vous me dire s'ils sont dangereux? Ils sont en fer-blanc. En fer-blanc! Avec ça, on ne peut pas tuer quelqu'un. (*OC* v.385)

De plus en plus, la révolte de l'enfant criminel, décrite initialement en termes glorieux, prend une valeur symbolique, spirituelle. En dépit de l'image héroïque et glorieuse présentée par Genet, nous voyons que les conditions matérielles auxquelles est soumis le jeune criminel sont paralysantes au point de le forcer à se replier sur une image idéale pour sauvegarder son amour propre. Qu'importe, dit Genet, qu'on lui ôte son couteau, d'ailleurs matériellement inefficace: sa valeur est symbolique. Il est "signe même du meurtre que l'enfant ne commettra pas effectivement, mais qui fécondera sa rêverie et la dirigera vers les manifestations les plus criminelles" (*OC* v.385).

> A quoi sert qu'on le lui enlève? L'enfant, comme signe du meurtre choisira un objet, d'apparence plus bénigne, et si on le lui dérobe encore, il gardera en soi-même, précieusement, l'image plus précise de l'arme. (*OC* v.385-86)

Dans un certain sens, la criminalité est donc l'effet d'un processus d'intériorisation, une projection interne idéale. Ainsi, le pénitencier est bien plus "un endroit idéal et cruel situé très profondément dans le coeur de l'enfant", un endroit du monde qui a son foyer dans "l'âme des enfants", qu'un bâtiment concret où peinent des enfants malheureux (*OC* v.381-82).

Oubliant tout à fait ses premières déclarations, Genet finit par accuser la société de torturer les jeunes délinquants: "Personne ne s'est avisé que depuis toujours dans les bagnes d'enfants, dans les prisons de France, des tortionnaires martyrisent des enfants et des hommes" (*OC* v.389). Faisant volte-face, Genet semblerait se placer maintenant du point de vue des réformateurs qu'il critiquait au début de son discours. Face à une société faible qui ne peut même plus feindre de façon adéquate le rôle qu'elle se donne, qui perpétue lâchement ses crimes contre l'enfance sous la figure du Juste, qui ne se permet de déchaîner ses instincts pour le mal qu'en cachette, le criminel a le beau rôle: "Nous resterons vos remords", écrit Genet, "nous serons la matière qui résiste et sans quoi il n'y aurait pas d'artistes" (*OC* v.389-90).

L'Enfant criminel se presente scindé, doublement scindé, car nous constatons, d'une part, une ambivalence par rapport au destinataire du récit qui est tantôt ce lecteur rejeté qui incarnerait les valeurs de la société, tantôt ce lecteur qui ne le lira même pas, le criminel idéal, son double idéalisé, compagnon de souffrances de Genet. Nous constatons aussi une oscillation entre les deux attitudes contraires que Genet adopte par rapport au criminel, qui font de lui tantôt un bourreau, tantôt une victime, et parfois les deux simultanément; car lorsque Genet nous dit que l'enfant criminel désire la punition, il opère la fusion de la victime et du bourreau et réunit ces deux fonctions antithétiques. A l'intérieur même de la catégorie de l'enfant-bourreau, criminel endurci, nous constatons une nouvelle opposition quant à la cause de l'acte criminel: d'un côté Genet exonère l'enfant en faisant du mal une tendance profonde, une espèce de vocation inexplicable ou une prédestination fatale au mal (Yeux-Verts, dans *Haute-Surveillance*, dira que "tout était irrémédiable" (*OC* v.213); de l'autre côté il insiste sur la responsabilité du criminel pour son acte sans se soucier des motivations: qu'elles aient été d'ordre esthétique (par exemple lorsqu'il parle de la beauté du geste criminel), ou d'ordre moral (par exemple lorsqu'il parle de son sentiment profond de l'injustice et de l'hypocrisie sociales). En soutenant, presque simultanément, deux positions contradictoires, Genet annule, d'une certaine façon, son propre texte, de sorte que l'impression dominante que retient le lecteur est celle d'un nonconformisme, d'un sentiment profond et presque irrationnel de rébellion, de rejet de la société et du lecteur.

3. Psychologie de la criminalité

> Dans ma cellule je tissais: la main du destin
> détruisait. (*OC* ii.261)

Certains psychanalystes ont constaté que ce n'est pas seulement les meurtres rêvés qui ont un caractère fantasmatique: selon eux, tout acte criminel constitue une inadaptation à la réalité, une évasion hors du monde humain. Profondément influencés par l'apport de la phénoménologie, les psychologues français du crime, en particulier Daniel Lagache, envisagent le comportement criminel à partir des concepts de subjectivité et d'intersubjectivité. Dans son livre *Psychologie du crime*, le docteur Hesnard résume ainsi l'objectif de cette nouvelle psychologie:

> ...*La psychologie concrète* du crime et du criminel: connaissance de l'homme criminel concret, non pas explicative, mais compréhensive. Connaissance en profondeur qui implique l'étude minutieuse de sa personnalité en situation, de sa relation ou de son rapport à Autrui, le monde des hommes; et aussi de la connaissance de son monde singulier — de ce que nous appelons... la réalité interhumaine, qui devient pour le criminel une réalité interhumaine-pour-soi, une réalité pour lui.[1]

Cette théorie psychologique considère l'acte criminel comme le résultat d'un trouble de la communication, d'une "mauvaise" interprétation de la réalité. Enfermé dans son monde personnel, agissant et réagissant selon des modèles aberrants, le criminel résout ses conflits intérieurs en les projetant à l'extérieur, au moyen de l'acte criminel. Pour

---

[1] A.M. Hesnard, *Psychologie criminelle* (Paris: Payot, 1963), p. 15.

Daniel Lagache, cet acte est l'expression symbolique de conflits inconscients: "Le criminel se défend contre un conflit inconscient pénible *en agissant au dehors* son conflit, souvent à la faveur d'une identification héroïque"[2]. Ainsi le comportement criminel ne serait compréhensible qu'à partir d'un déchiffrement du monde mythique personnel du criminel. Lagache accorde une importance capitale au groupe, au milieu familial et social dans la formation de l'attitude criminelle.

> Le développement de la personnalité est, dans son ensemble, conçu comme une socialisation dont l'identification est le principal ressort. La genèse de la personnalité criminelle est conçue comme un trouble de la socialisation et de l'identification.[3]

Lagache constate que l'ajustement du criminel à la réalité est plus apparent que réel. Le criminel ne s'identifie pas au "bon parent", mais à l'image du mauvais parent. Ces identifications distorses entraînent le rejet du groupe et des valeurs morales et leur remplacement par d'autres qui s'y opposent. Comprendre la conduite criminelle revient donc, en partie, à comprendre à quoi et à qui le criminel s'identifie.

Avec l'analyse de *L'Enfant criminel*, nous avons amorcé ce nouvel aspect de Genet: la signification de la conduite criminelle. Jusqu'alors, nous avions suivi la criminalité genétienne dans son cadre externe, comme organisation sociale hiérarchisée. Nous continuerons ici à parler de la signification que revêt la criminalité *pour Genet*, tout en tenant compte des facteurs psychologiques ou psychanalytiques qui peuvent contribuer à l'élucidation de son monde personnel imaginaire.

1. Le recours à l'imaginaire

> Par cette fuite à travers le ciel, j'échappe à la mort. Un déclic ouvre une trappe par où je tombe dans un monde imaginaire vengeur. (*OC* II.338)

Rêve et jugements magnifiants

Dans *L'Enfant criminel*, Genet avait recours à l'imaginaire pour échapper à l'asservissement d'une condition humiliante comme l'incarcération. Ce recours à l'imaginaire constitue une sorte de négation de la situation dans laquelle le criminel ou l'enfant se trouvent: l'état actuel est rejeté en faveur d'une version idéalisée qui permet au délinquant de

[2] Daniel Lagache, "Psychocriminogenèse", *Le Psychologue et le criminel* (Paris: PUF, 1979), p. 200.
[3] Lagache, p. 204.

sauvegarder son amour propre. En niant la réalité matérielle, le criminel se replie sur l'imaginaire, sur le monde de la pensée. Cette fuite de la réalité, Genet nous la décrit dans *Miracle de la rose*, où il raconte comment lui et ses compagnons de Mettray vivaient des aventures imaginaires, qui se prolongeaient parfois durant des jours, voire même des semaines, comme mousses d'un galère en révolte ou d'un bateau pirate. Ainsi échappaient-ils aux conditions pénibles de leur existence par ces voyages fantastiques. Au colon qui le surprend en train de rêver et lui demande: "Alors, t'en sors de tes jardins?" Genet ne pardonnera jamais cette intrusion dans son monde privé où il était la plus belle rose, s'assignait ses rôles préférés: princesse, faux prince ou courtisane d'un beau capitaine, satisfaisant ainsi son goût du luxe, de la noblesse, de la beauté, mais aussi, du sacrilège.

Ce recours à l'imaginaire est à la base d'une des techniques narratives les plus surprenantes. C'est à Sartre qu'il revient d'avoir souligné l'importance des "jugements magnifiants" de Genet. Pourtant Genet lui-même décrit, dans *L'Enfant criminel* (*OC* v.387) et *Journal du voleur*, les principales caractéristiques de son écriture.

> Cependant si j'examine ce que j'écrivis, j'y distingue aujourd'hui, patiemment poursuivie, une volonté de réhabilitation des êtres, des objets, des sentiments réputés vils. De les avoir nommés avec les mots qui d'habitude désignent la noblesse, c'était peut-être enfantin, facile: j'allais vite. J'utilisais le moyen le plus court, mais je ne l'eusse pas fait si, en moi-même, ces objets, ces sentiments (la trahison, le vol, la lâcheté, la peur) n'eussent appelé le qualificatif réservé d'habitude et par vous à leurs contraires. (*JV* 115)

Le trait distinctif des écrits de Genet est donc l'application d'épithètes jugés "nobles" à des sentiments ou actions réputés "vils". Par exemple, lorsque Genet écrit que Divers "disait un seul mot qui le dépouillait de son état de colon et le revêtait d'oripeaux magnifiques" (*OC* II.390), la juxtaposition de l'épithète "magnifiques" au mot "oripeaux" transforme l'objet misérable en objet de luxe. Le qualificatif "gracieux" appliqué au mot "voyou", transforme celui-ci en personnage de ballet qui, surpris au vol, quittera la scène d'un saut de chat feutré. Pour Genet, l'assassin est "glorieux", l'action infâme est belle et la déchéance morale signe de sainteté. Cependant Genet prend soin de nous dire que cette inversion des valeurs n'est nullement mécanique, mais correspond à ses sentiments les plus profonds. Expliquons-nous sur ce point.

Sartre a constaté que, pour Genet, l'acte de nomination correspond à une métamorphose. Genet accorderait une valeur ontologique au verbe être. Son attitude vis-à-vis du langage s'apparente à celle du primitif ou de l'enfant qui utilise celui-ci de façon magique. Genet montre avec ostentation l'acte ou l'objet misérable, qu'il transforme ensuite en acte noble ou objet de luxe. Puisqu'il rêve de richesse mais vit dans l'indigence, il est forcé d'avoir recours à un monde fictif: "Son infatigable diligence se dépensera dans cette entreprise: il faut qu'il mette sur pied un vaste système d'équivalences qui lui permette à tout instant de métamorphoser une matière de déchet en produit de luxe" (*SG* 431). Pour Sartre, le meilleur exemple de ce processus est l'épisode où Divine entre dans un bar avec un tortil de baronne en fausses perles. La couronne tombe par terre et se brise, et, moqueuse, l'assistance s'exclame: "La Divine est découronnée!... C'est la Grande-Déchue!... La pauvre exilée!..." La réaction de Divine est exemplaire:

> Alors Divine pousse un cri en cascade stridente. Tout le monde est attentif: c'est son signal. De sa bouche ouverte, elle arrache son dentier, le pose sur son crâne et, le coeur dans la gorge mais victorieuse, elle s'écrie d'une voix changée, et les lèvres entrées dans la bouche:
> —Eh bien, merde, mesdames, je serai reine quand même. (*OC* II.118-19)

Et Genet d'ajouter: "Mais faire son geste était peu de chose à côté de la grandeur qu'il lui fallut pour accomplir celui-ci: retirer de dessus ses cheveux le bridge et le rentrer dans la bouche et l'y accrocher" (*OC* II.119). L'acte le plus grotesque: remettre son râtelier dans la bouche après s'en être couronné, devient l'acte le plus noble, car il exige la plus grande humiliation, le plus grand renoncement. Pour Genet, l'humilité et le renoncement sont deux pratiques qui mènent à la *sainteté*, ce mot qu'il juge "le plus beau du langage humain" (*JV* 227). Il pratique donc une forme d'ascèse volontaire en recherchant l'abjection, en subissant les plus grandes humiliations, prétendant se défaire ainsi de son orgueil. Or, cette recherche de la sainteté est signe-même du plus grand orgueil: c'est la place la plus élevée (celle du Saint) qu'il vise dans son abjection. Genet joue le minorant se sachant majorant. Et donc, il est permis de parler de "grandeur" à propos du geste de Divine: s'étant jetée, de son propre gré, dans le ridicule, elle est vraiment "divine".

Les "jugements magnifiants" de Genet font partie d'une technique stylistique que Fontanier, dans ses *Figures du discours*, nomme "paradoxisme":

Le *Paradoxisme*, qui revient à ce qu'on appelle communément *Alliance de mots*, est un artifice de langage par lequel des idées et des mots, ordinairement opposés et contradictoires entre eux, se trouvent rapprochés et combinés de manière que, tout en semblant se combattre et s'exclure réciproquement, ils frappent l'intelligence par le plus étonnant accord, et produisent le sens le plus vrai, comme le plus profond et le plus énergique.[4]

Ainsi nous trouvons, à propos de Bulkaen, la description suivante: "ses dents imparfaites d'une denture parfaite" (*OC* II.314); et au sujet de son style, Genet émet cette pensée: "Encore que je m'efforce à un style décharné, montrant l'os, je voudrais vous adresser, du fond de ma prison, un livre chargé de fleurs, de jupons neigeux, de rubans bleus" (*OC* II.114). C'est le plus frivole (jupons neigeux, fleurs, rubans, éléments considérés généralement comme des ornements), que Genet emploie pour nous faire comprendre l'essentiel, l'os, "la substantifique moelle", selon les mots de Rabelais. La caractérisation d'un terme par son opposé est la technique, l'artifice stylistique qui permet à Genet de faire de la rose, objet délicat et aux connotations féminines, le symbole du criminel, de la force et de la virilité[5]. Signalons toutefois que cette inversion du sens traditionnel ne constitue pas un rejet du sens courant. Pour que la valeur transgressive du terme opère, il faut que le sens original se maintienne. Aussi devons-nous parler de juxtaposition de deux sens contraires plutôt que de renversement de sens. Nous pouvons donc dire que les paradoxismes ou jugements magnifiants de Genet ont à la fois un effet de sacrilège, obtenu par le détournement du mot à des fins contraires, mais aussi un effet d'*idéalisation*. Car l'objet réputé vil est métamorphosé en quelque chose de noble et de beau. Rappelons de nouveau que Genet croit en ces métamorphoses; les qualificatifs employés correspondent à sa vision de la réalité: "Je puis répondre que mon émotion appelait justement ces mots et qu'ils viennent tout naturellement la servir" (*OC* v.387).

L'idéalisation est donc un des traits de la criminalité genétienne. Cette idéalisation a un effet d'irréalisation, un effet fantasmatique qui est évident dans les crimes "imaginaires" tels que celui d'Ernestine, dans *Notre-Dame-des-Fleurs* ou de Solange et Claire dans la pièce *Les Bonnes*: les personnages ne réalisent pas le meurtre projeté, mais se contentent de tentatives qui échouent toujours. L'acte criminel n'est

---

[4] Pierre Fontanier, *Les Figures du discours* (Paris: Flammarion, 1968), p. 137.

[5] L'équivalence entre le criminel et la rose est surtout développée dans *Miracle de la rose* et dans les premières lignes de *Journal du voleur*. Nous aurons plus loin l'occasion d'analyser ce symbole.

donc jamais un simple acte d'agression chez Genet; il est soumis à une véritable "cristallisation" aux accents érotiques, religieux et existentiels. C'est ce processus de "cristallisation", où l'acte criminel est idéalisé, paré d'attributs qui le rendent méconnaissable, comme l'objet d'amour dans cette étape de l'amour stendhalien, que nous nous proposons d'analyser.

L'érotisme du crime

"Je n'ai recherché" — dit Genet dans *Journal du voleur* — "que les situations chargées d'intentions érotiques" (*JV* 90). Cette poursuite de l'érotisme, Genet la mène à travers les diverses figures du crime. Le vol est une de ces figures, et à plus forte raison, le vol avec effraction.

> Tout à trac, il raconta leurs exploits, d'étages en étages, à travers les appartements luxueux, surchauffés, les portes qui cèdent, les tapis foulés, les lustres éblouis, la désolation, l'émoi des meubles entr'ouverts, violés, l'argent qui se plaint sous les doigts, le fric. (*OC* II.363)

Le crime chez Genet est plaisir érotique, comme l'indiquent les termes employés pour le décrire: "surchauffé", "émoi", "entr'ouvert", "violer", "céder", "se plaindre". La pénétration dans l'appartement équivaut à une pénétration sexuelle violente: c'est la vie privée, l'être intime du propriétaire, de l'occupant qui est violé, pénétré. Genet écrit d'ailleurs que sa compréhension du vol fut complète lorsqu'il entendit un jour Bulkaen dire: "Moi, quand je casse, quand je rentre dans un appartement, je bande, je mouille" (*OC* II.317). Aussi l'appartement, en rapport symbolique avec son occupant, est-il personnalisé: Genet "fait péter les portes" (*OC* II.243), parle de "l'appartement éventré" (363), et compare l'émotion du cambrioleur à celle des transports amoureux:

> Pour bien parler de mon émotion, il faudra que j'emploie les mêmes mots dont je me suis servi pour dire mon émerveillement en face de ce trésor nouveau: mon amour pour Bulkaen, et pour dire ma crainte en face de ce trésor possible: son amour pour moi. Il me faudrait évoquer les tremblants espoirs de la vierge, de la promise du village qui attend d'être choisie, puis ajouter que tout cet instant léger est sous la menace de l'oeil unique, noir et impitoyable d'un revolver. (*OC* II.244)

Nous avons déjà vu comment Genet considère le cambriolage comme un acte libérateur lui permettant de dépasser les stages de la mendicité et de la prostitution. Le "casse" est idéalisé et devient un acte héroïque: le casseur est un guerrier dont les armes sont vénérées au même titre que le couteau, cet autre symbole phallique des jeunes délinquants:

> Tous les cambrioleurs comprendront la dignité dont je fus paré quand je tins dans la main la pince-monseigneur, la "plume". De son poids, de sa matière, de son calibre, enfin de sa fonction émanait une autorité qui me fit homme. J'avais, depuis toujours, besoin de cette verge d'acier pour me libérer complètement de mes bourbeuses dispositions, de mes humbles attitudes et pour atteindre à la claire simplicité de la virilité... je lui portai, dès mon premier casse, toute la tendresse qu'un guerrier porte à ses armes, avec une mystérieuse vénération comme lorsque ce guerrier est un sauvage et son arme un fusil. (*OC* II.242)

L'érotisation du crime est une tendance générale chez Genet. Nous avons repéré cette tendance dans le vol, mais elle se trouve également dans d'autres activités criminelles telles que l'homicide. Avant de procéder à l'analyse de cet aspect du crime genétien, il nous semble utile de considérer les rapports entre Genet et la psychanalyse.

Un grand nombre de tendances chez Genet sembleraient encourager une lecture psychanalytique; par exemple, toute l'érotisation de la criminalité que nous trouvons dans son oeuvre: rappelons, à cet égard, la phrase du *Journal du voleur* où il dit n'avoir cherché que les situations chargées d'intentions érotiques. Il semblerait aussi que Genet ait été conscient d'un certain automatisme de répétition dans ses écrits, comme il le remarque lui-même, dans *Pompes funèbres*: "...Tous les personnages de mes livres se ressemblent. Ils vivent, à peine modifiés, les mêmes moments, les mêmes périls, et, pour parler d'eux, mon langage inspiré par eux redit sur un même ton les mêmes poèmes" (*OC* III.74)[6]. Genet avoue, dans son interview avec *Playboy*, avoir étudié la psychanalyse, mais rejette l'interprétation que cette discipline fait de l'homosexualité[7]. Dans *Notre-Dame-des-Fleurs* nous

---

[6] Nous trouvons également ce passage: "Ecrire, c'est choisir entre dix matériaux qui vous sont proposés. Je me demande pourquoi j'ai accepté de fixer tel fait plutôt qu'un autre d'égale importance. Pourquoi suis-je limité dans mon choix et me vois-je dépeindre bientôt le troisième enterrement de chacun de mes trois livres?" (*OC* III.10). La notion de répétition en psychanalyse est intimement liée au concept de transfert. Une explication de ce rapport nous est donnée par Lagache dans "Définitions et aspects de la psychanalyse" (p. 115): "Si le patient se répète, c'est qu'il a besoin de se répéter. Et ce qu'il répète, c'est un problème non résolu. Le transfert est l'actualisation ecmnésique, dans la situation psychanalytique, d'un conflit appartenent au passé, le plus souvent le passé infantile, oublié et inconscient, de l'analysé".

[7] "Interview with Jean Genet", *Playboy* (avril 1964).

trouvons un passage où le jargon psychanalytique et les théories qui s'y attachent sont ridiculisés: la psychanalyse est présentée comme un illusionnisme verbal dont les mots magiques ont un effet incantatoire qui masque leur absence totale de sens[8].

Ouvertement, Genet semblerait rejeter, ridiculiser la psychanalyse, et pourtant, nous avons vu qu'il utilise certains de ses concepts. Ainsi, nous constatons que toute arme (couteau, revolver, mitraillette, etc.) est, d'emblée, objet phallique, avec une équivalence si parfaite que nous soupçonnons une intention parodique. Du couteau en fer-blanc confisqué par le directeur, Genet écrit, dans *L'Enfant criminel*: "Enfoui dans une paillasse la nuit, ou caché dans la doublure d'une veste, d'un pantalon plutôt — non pour plus de commodité mais afin qu'il voisine avec l'organe dont il est le symbole profond..." (*OC* v.385)[9]. De même que la pince, l'arme du cambrioleur est une "bite ailée", une "verge d'acier", et l'arme de l'assassin, le revolver, pèse "comme un phallus en action" (*OC* II.20).

Une question qui s'impose est de savoir si la vulgarisation des concepts psychanalytiques telle que nous la trouvons chez Genet, est bien dans l'esprit freudien. Or, au chapitre 2 de *La Science des rêves*, Freud rejette toute interprétation qui assignerait un sens fixe à un contenu:

[8] Dans ce passage, l'un des plus amusants chez Genet, l'expert chargé d'analyser Notre-Dame est représenté comme un illusionniste qui surgit par une trappe invisible et dont les mots vides de sens ont un effet magique aussi surprenant que les alliances de mots fortuits des surréalistes: "De ce rapport ailé, tombaient à terre des mots ailés comme ceux-ci: 'Déséquilibre...psychopathie... fabulation... système planchnique... schizophrénie... déséquilibre... déséquilibre... équilibriste', et, tout à coup, poignant, saignant: 'Le grand sympathique'...", mots que Genet traduit ainsi: "Qu'est-ce qu'un malfaiteur? Une cravate qui danse au clair de lune, un tapis épileptique, un escalier qui monte à plat ventre..." Semé d'expressions atténuantes: "une part volontaire", "en partie responsable", le rapport du psychiatre n'apporte aucune réponse décisive (*OC* II.190).

[9] L'équivalence couteau-phallus constitue une régression à une conception infantile de la sexualité comme acte d'aggression. L'on sait que pour Freud, toute conduite aberrante se comprend à partir de l'enfance. Or, Freud a constaté que, pour l'enfant, l'acte sexuel des parents est considéré comme violence du partenaire mâle (le père) envers la femme (la mère). Une psychanalyse de la criminalité retracera donc l'origine de la conduite criminelle jusque dans l'enfance, ce que nous ne pouvons faire qu'imparfaitement en vue du caractère partiel des données: outre que l'enfance des criminels genétiens est fictive, elle est à peine mentionnée. Quant à celle de Genet, nous ne la connaissons qu'à travers son oeuvre, ses propres commentaires ou ceux de ses amis.

En effet, mon procédé n'est pas aussi facile que la méthode populaire de déchiffrage qui permet de traduire le rêve d'après une clef constante; je serais bien plutôt porté à dire que le même contenu peut avoir un sens différent chez des sujets différents et avec un contexte différent.[10]

Et pourtant, la fréquence avec laquelle un terme se trouve avoir la même signification amènera Freud et ses disciples à assigner des significations symboliques à certains termes. Ainsi nous sont parvenues ces équivalences d'apparence fixe qui donnent à la psychanalyse son aspect caricatural et nous font oublier l'aspect situationnel de toute interprétation. C'est ce genre d'équivalence qu'utilise Genet dans ses oeuvres.

Ces équivalences trop mécaniques, trop simplistes, qui font, par exemple, que toute décharge de revolver devient décharge sexuelle ou que tout liquide devient lait, sperme ou sang, se maintiennent au niveau de l'apparent et donc ne sauraient avoir la valeur d'une révélation de l'inconscient qui, selon Freud, ne se manifeste que de façon voilée. Chez Genet, la valeur sexuelle des signes n'est plus latente, mais patente, et donc, ne se place plus du côté du refoulé et de l'inconscient. La signification "profonde" est devenue, chez Genet, apparente. Une interprétation psychanalytique devra donc dépasser le niveau du dire, du lieu commun.

L'emploi si flagrant de symboles "freudiens" semble nous inviter à faire une lecture psychanalytique. Mais, comme nous l'avons vu dans notre premier chapitre, l'écriture genétienne tient aux traits traditionnellement attribués à la femme: l'artifice, la fausseté, le piège. Cet étalage trompeur pourrait donc nous inciter à éviter — par crainte d'un piège, ou simplement parce que tout est trop évident — l'analyse psychanalytique. Comme dans sa pièce *Les Nègres*, Genet nous donne un faux spectacle, une situation stéréotypée — là le faux viol de la femme blanche par un noir, ici les clichés freudiens — dont le but est de détourner notre regard de ce qui se passe vraiment "derrière la scène": la révolution des nègres, qu'il faudrait pouvoir rapprocher de la "révolte" de cet autre opprimé qu'est Genet. Par conséquent, l'exhibitionnisme freudien de Genet n'épuise ni n'annule une bonne interprétation psychanalytique: il sert plutôt de parure à d'autres traits significatifs, à d'autres signifiants, qu'il importe de déchiffrer. Une

[10] Sigmund Freud, *La Science des rêves*, tr. I. Meyerson (Paris: Felix Alcan, 1926), p. 96.

lecture psychanalytique s'avère fructueuse en ce sens qu'elle permet de comprendre les fantaisies homosexuelles et criminelles de Genet à partir de sa situation infantile, comme mouvement compensatoire d'un manque éprouvé dans l'enfance.

Si nous analysons les divers assassinats décrits dans l'oeuvre, nous constatons que les crimes dont nous connaissons les moyens employés mettent en jeu une forme de mutilation de la tête. La strangulation est le moyen le plus fréquemment employé. Parfois, le tranchement de la carotide avec un instrument en fer, couteau ou tranchet, achève l'acte. L'obsession de Genet avec la décapitation, qui lui fait placer au sommet de la hiérarchie criminelle le condamné à mort, le futur guillotiné, prend ici une nouvelle forme. Il semble que cette mutilation ou tranchement de la tête peut être considéré à la fois comme symbole de castration et comme coït symbolique. La signification du mot "tête", chez Genet, est nettement phallique. Lorsque Genet nous raconte, à la première personne (il écrit, en tête du passage narré: "JE PRENDS LA PEINE A MON COMPTE ET JE PARLE") la torture que dut subir Bulkaen à Mettray, où un groupe de marles le força à rester la bouche ouverte tandis qu'ils lui lançaient des crachats, il écrit les mots suivants: "J'étais atteint à la face et je fus bientôt visqueux plus qu'une tête de noeud sous la décharge" (*OC* ii.449).

Tous les meurtres commis par les personnages genétiens ont une forte teneur sexuelle. Même les crimes commis pour des motifs prosaïques, tel le gain, s'avèrent, à l'analyse, avoir des motifs sexuels moins apparents. En général, la motivation avouée par le criminel n'est pas nécessairement la meilleure. L'assassin ne sait souvent pas pourquoi il a commis un crime: Considérons le crime d'Adrien Baillon, dit Notre-Dame-des-Fleurs, cette reine des fleurs de la pédérastie à qui Divine, comme Genet à Pilorge, voue un culte. C'est au cours de sa profession comme prostitué homosexuel que Baillon tue le vieux monsieur qu'il a suivi dans son appartement. Lorsque le Président du tribunal lui demande pourquoi il a commis son crime, il donne plusieurs réponses: d'abord, c'est la cravate qui serrait le cou de sieur Ragon et le rendait tout rouge qui lui suggère son acte: "— Alors, j'ai pensé que, si j'serrais, ça s'rait pire". Un peu plus bas, il ajoute: "Pasque j'ai des bons bras", puis il ajoute: "j'étais dans une dèche fabuleuse" (*OC* ii.184). A la fin de la séance, lorsque le Président lui demande s'il veut ajouter quelque chose pour sa défense, il est prêt à dire: "J'l'ai pas fait exprès", mais finit par dire: "— L'vieux était foutu.

Y pouvait seument pu bander" (*OC* II.192). Ainsi Notre-Dame invoque quatre explications différentes pour excuser son acte: la cravate (c'est la situation même, la rougeur de l'homme ainsi que la présence de la cravate qui lui suggèrent le meurtre), c'est le manque d'argent, c'est un accident, et enfin, c'est l'impuissance du vieillard qui explique son acte. Cette dernière explication, dont le but est de dévaloriser la victime et de minimiser l'acte criminel, est la plus choquante du point de vue moral. Une échelle de valeur primitive, où la valeur de l'homme est déterminée par sa puissance virile est ici à l'oeuvre. Si nous considérons que la victime est un homme âgé, et l'agresseur un jeune homme de dix-huit ans qui n'a pas eu de père, il est facile de faire, suivant les théories psychanalytiques, du Sieur Ragon un substitut du père dévalorisé, et du crime un acte symbolique dont la valeur se comprend à partir de la situation infantile. Ainsi le crime de Notre-Dame peut s'expliquer comme vengeance contre le père qui l'a frustré dans son besoin d'affection par son absence au cours de son enfance. La dévalorisation du père, manifeste dans la dernière explication du crime: "...Y pouvait seument pu bander", indique le mépris de l'image paternelle dans sa forme traditionnelle comme incarnation de la discipline et de la loi. Ayant tué Ragon, Notre-Dame fouille son appartement jusqu'à ce qu'il trouve, accidentellement, de l'argent caché dans un vase. L'argent compensera, symboliquement, le manque d'amour éprouvé pendant l'enfance. Le crime pour vol, dans l'oeuvre de Genet, n'est jamais tout à fait explicable à partir du manque matériel. Querelle, dont tous les crimes rapportent un bénéfice, ne jouit pas directement de son butin, mais le cache, dérivant plutôt une espèce de jouissance symbolique des objets dérobés. Nous pourrions dire, en utilisant les termes freudiens, que l'aspect "anal" de ses crimes est souligné par le fait qu'il se fait sodomiser à la suite des crimes en guise d'expiation.

L'homosexualité, envisagée comme identification au rôle de la mère, est une autre manifestation du rejet, de la haine du père. Certains crimes, comme celui de Gil Turko dans *Querelle de Brest* mettent en jeu directement l'homosexualité: rappelons que Gil Turko tue le pédéraste qui le persécute de ses railleries humiliantes. Son crime est un crime de vengeance, non motivé par le gain. Comme celui de Clément Village, il a lieu au cours d'une perte de contrôle, d'un moment de rage, déchaîné ici sous l'action de l'alcool. Le crime sert de réparation des blessures faites à son amour-propre. Or, cette lésion personnelle c'est précisément la blessure narcissique qu'il éprouve vis-à-vis de l'homosexualité. Le meurtre de Théo est une tentative de rejeter son homosexualité latente. Cette tentative échouera d'ailleurs, car Gil finira par devenir l'amant de Querelle. Comme tant de personnages genétiens, Gil est un homosexuel refoulé qui finit par trouver sa véritable voie.

Les psychologues et les sociologues ont souvent noté, chez les jeunes délinquants, la présence d'une configuration familiale défectueuse. Dans le cas de Genet, nous constatons l'absence d'une figure paternelle chez ses personnages fictifs: comme Genet, Divine n'a pas de parents. Il est l'enfant adoptif d'Ernestine Picquigny, mauvaise mère qui rêve de le tuer. Querelle et son frère Robert "ne se rencontraient que le soir, dans l'unique lit d'une chambre, près de la pièce où vivait pauvrement leur mère" (*OC* III.209). Aucune mention n'est faite du père. Quant à Notre-Dame, il est "fils de Lucie Baillon, de père inconnu" (*OC* II.182). L'absence de modèle paternel explique, par un mouvement compensatoire, l'érection du condamné à mort en une puissante figure paternelle, qui fait de lui le chef de tous les criminels, "le caïd des caïds", et même, une espèce de Dieu, représentant suprême de la figure paternelle.

Inspiré par Maurice Pilorge, "dont le corps et le visage radieux hantent [ses] nuits sans sommeil", et auquel sont dédiés *Notre-Dame-des-Fleurs* et le poème intitulé "Le Condamné à mort", Genet crée, avec Harcamone, la figure de l'assassin exemplaire. Harcamone est responsable de deux meurtres: celui d'une jeune fille qu'il a violée, et celui d'un gardien — le plus doux, précise Genet, surnommé Bois-de-Rose. Le deuxième meurtre a été commis lors de la condamnation à perpétuité d'Harcamone. Celui-ci n'ayant pu souffrir l'idée de vivre le reste de sa vie en prison, avait commis ce meurtre pour échapper à l'incarcération à vie.

Le titre *Miracle de la rose* renvoie à une scène où les chaînes auxquelles sont attachés les poignets d'Harcamone se transforment en une guirlande de roses blanches. La ferveur de Genet fait de la rencontre avec Harcamone une apparition.

Harcamone "m'apparaissait". Il savait que c'était l'heure de la promenade car il tendit lui-même les poignets auxquels le gâfe attacha la courte chaîne... Il sortit de cellule. Comme les tournesols vers le soleil, nos visages se tournèrent et pivotèrent nos corps sans même que nous nous rendissions compte que notre immobilité était dérangée et, quand il s'avança vers nous... nous eûmes la tentation de nous agenouiller ou, tout au moins, de poser la main sur nos yeux, par pudeur... Je sentais, dans toutes mes veines, que le miracle était en marche. Mais la ferveur de notre admiration avec la charge de sainteté qui pesait sur la chaîne serrant ses poignets — ses cheveux ayant eu le temps de pousser, leurs boucles s'embrouillaient sur son front avec la cruauté savante des torsades de la couronne d'épines — firent cette chaîne se transformer sous nos yeux à peine surpris, en une guirlande de roses blanches. La transformation commença au poignet gauche qu'elle entoura d'un bracelet de fleurs et continua le long de la chaîne, de maille en maille, jusqu'au poignet droit. Harcamone avançait toujours, insoucieux du prodige. Les gâfes ne voyaient rien d'anormal. Je tenais à cet instant la paire de ciseaux avec laquelle chaque mois, on nous permet, à tour de rôle, de nous couper les ongles des pieds et des mains. J'étais donc déchaussé. Le même mouvement que font les fidèles fanatiques pour saisir le pan d'un manteau et le baiser, je le fis. J'avançai de deux pas, le corps penché en avant, les ciseaux à la main, et je coupai la plus belle rose qui pendait à une tige souple, tout près de son poignet gauche. La tête de la rose tomba sur mon pied nu et roula sur le dallage parmi les boucles de cheveux coupés et sales. Je la ramassai et relevai mon visage extasié, assez tôt pour voir l'horreur peinte sur le visage d'Harcamone, dont la nervosité n'avait pu résister à la préfiguration si sûre de sa mort. (*OC* II.234)

Genet nous présente Harcamone comme un Dieu: "Harcamone était Dieu puisqu'il est au ciel (je parle de ce ciel que je me crée et auquel je me voue corps et âme)", lisons-nous au début de l'oeuvre. Dans le passage que nous venons de citer, Genet fait allusion au Christ, à l'incarnation humaine de Dieu (les mains attachées, la couronne d'épines). Dans un certain sens, Harcamone est à la fois le père de tous les criminels et une figure inversée du Christ, du fils divin: il est le modèle parfait, achevé, de toutes les aspirations criminelles. De même que Boule de Neige, l'assassin noir qui trône sur toute la forteresse dans *Haute Surveillance* et à propos duquel un des personnages dit que "toute la prison est sous son autorité", Harcamone est présenté comme le support, l'âme, l'axe autour duquel tourne toute La Centrale (*OC* IV.209). C'est lui le vrai mâle, et dans un passage que nous citerons plus loin, les criminels sont comparés à une guirlande de fleurs qui devient de plus en plus virile à mesure qu'elle s'éloigne de Genet, et aboutit "au marlou très pur, les dominant tous, celui qui trônait sur sa galère, dont la verge si belle, grave et lointaine, sous forme de maçon, parcourait toute la colonie. Harcamone!" (*OC*

II.410). Dans l'oeuvre de Genet, la figure paternelle est donc reportée sur le condamné à mort, érigé en Dieu, espèce d'incarnation négative de la loi. "Harcamone, qui êtes aux cieux, que votre nom soit sanctifié!"

2. *La dissolution du monde criminel*

> J'ai vécu dans la peur des métamorphoses. (*JV* 37)

La peur

Si nous considérons que le monde criminel de Genet est placé sous l'empire de la peur, nous ne pouvons nous étonner du fait que celui-ci s'écroule, s'auto-détruise, car la vision obtenue sous l'emprise de la peur est déséquilibrante: elle remet en question toutes les catégories que l'on tient pour données. Jusqu'ici nous avons présenté le monde criminel tel que Genet le construit: extrêmement hiérarchisé, selon des catégories d'une telle rigidité que nous sommes tentés de parler de système de castes basé sur la force. L'extrême hiérarchisation de la société criminelle était l'effet d'une stylisation, d'une idéalisation de la part de Genet, qui nous présente des types, plutôt que des personnages individualisés. Or, nous présenterons maintenant l'envers de ce système, tout un courant contradictoire qui mine la portée de cette structure sociale et a pour effet la dissolution des catégories établies. Le centre de cette vision est une optique destructuralisante, non-hiérarchisée. Là domine tout ce qui tend à effacer les différences, le partage, la limite, et laisse transparaître un univers indifférent où tout se vaut. Ainsi, tout ce que Genet a construit est, dans un second mouvement, négativisé: toute valeur positive est annulée dans un mouvement niveleur.

L'acte criminel chez Genet s'apparente à l'expérience amoureuse ou religieuse en ce sens qu'il bouleverse le monde familier, détruit l'ordre établi et renvoie à un au-delà de l'apparent. Nous avons déjà parlé de la relation entre l'acte criminel et l'érotisme genétien. Rappelons la phrase où Genet compare le sentiment éprouvé lors du casse aux "tremblants espoirs de la vierge, de la promise du village qui attend d'être choisie", en ajoutant que "tout cet instant léger est sous la menace de l'oeil unique, noir et impitoyable d'un revolver" (*OC* II.244). La peur, dans l'acte criminel, est le sentiment qui déséquilibre le monde et dissout les catégories traditionnelles. Le monde du vol est un monde magique où tout acquiert un sens en dehors des significations banales usuelles. C'est le monde de la féerie, du surnaturel: "La nervosité que provoquent la peur, l'angoisse quelquefois, facilite un état voisin des dispositions religieuses. Alors j'ai tendance à interpréter le moindre accident. Les choses deviennent signe de chance" (*JV* 30).

Dans *L'Etre et le temps* Heidegger parle des dispositions d'humeur qui révèlent à l'être son "là": "L'humeur place l'être devant le fait de son "là", et de telle manière qu'il lui paraît enveloppé d'un mystère implacable"[11]. C'est le caractère ouvert de l'être qui est mis en jeu, car le sentiment de la situation comporte simultanément "la révélation du monde, celle de la coexistence et celle de l'existence, puisque celle-ci est essentiellement être-au-monde"[12]. Par la peur, l'être se sent exister en ayant conscience du monde comme menace en général et comme menace à sa propre existence. L'accroissement de l'intensité du sentiment d'être là est, dans le cas de la peur, dû au caractère menaçant de l'objet prévu. Or, dans le cambriolage, la peur n'est pas déterminée spécifiquement par un objet donné. L'indétermination même de l'objet menaçant que l'on croit voir surgir de toute part, confère une nature féerique au monde ambiant où tous les objets sont considérés nuisibles et irradient un caractère inquiétant. "Les signes me poursuivent et je les poursuis patiemment", lisons-nous dans *Notre-Dame-des-Fleurs* (*OC* ii.115). Sous l'effet de la peur, l'objet perd son innocence, son aspect purement utilitaire et devient signe: ainsi, comme nous l'avons mentionné, c'est la cravate qui serre le cou de sieur Ragon qui suggère le meurtre à Notre-Dame. C'est l'objet qui détermine l'homme, de sorte que dans *Pompes funèbres*, Genet écrit: "Nous avions peur. Non du danger, mais de l'accumulation des signes fatidiques" (*OC* iii.171). L'univers du voleur est celui de la magie, de la superstition: "Je faisais mes casses selon les rites que j'apprenais avec les hommes. Je respectais les superstitions, je faisais preuve d'une merveilleuse sentimentalité..." (*OC* ii.365).

Dans *L'Esquisse d'une théorie des émotions* Sartre parle de la transformation du monde qu'opère notre conscience sous l'emprise de la peur: "Nous essayons de changer le monde, c'est-à-dire de le vivre comme si les rapports des choses à leurs potentialités n'étaient pas réglés par des processus déterministes, mais par la magie"[13]. L'objet ancien est appréhendé de façon nouvelle car notre intention a changé. Cette conduite, selon Sartre, est une conduite incantatoire qui cherche à conférer à l'objet "une moindre présence". C'est une conduite non-effective qui se joue sur le plan magique. Pour Sartre, la peur active (fuite

---

[11] Martin Heidegger, *L'Etre et le temps* (Paris: Gallimard, 1964), p. 170.
[12] Heidegger, p. 171.
[13] Jean-Paul Sartre, *Esquisse d'une théorie des émotions* (Paris: Hermann, 1948), p. 33.

devant l'objet menaçant) et la peur passive (évanouissement devant l'objet menaçant) sont deux façons de nier symboliquement l'objet menaçant. Dans *L'Etre et le néant*, la peur est, de nouveau, définie comme "conduite magique tendant à supprimer par incantation les objets effrayants que nous ne pouvons tenir à distance"[14].

Devant la dissolution du monde existant que provoque la peur, Genet a recours à deux solutions. Dans l'une, il substitue au monde existant un monde imaginaire qu'il envisage comme terrain de conquête. Ainsi, au lieu de se laisser posséder par le monde des signes il devient lui-même illusionniste, transforme le monde et se fait guerrier, évitant ainsi le danger qui émane des objets métamorphosés, devenant le jeune souverain "qui prend possession d'un royaume nouveau, où tout est neuf pour lui, mais qui doit recéler des dangers d'attentat, de conjurations, dissimulés sur la route qu'il suit, derrière chaque rocher, chaque arbre, sous les tapis, dans les fleurs qu'on lance, dans les cadeaux qu'offre un peuple invisible à force d'être nombreux" (*OC* II.244)[15]. Mais ce procédé, trop proche de la rêverie, n'est pas sans danger. Genet voit dans son imagination fantaisiste, même si celle-ci se propose de contrôler la peur, une menace; car le monde factice qu'il se crée pour dominer la situation est tout proche du monde magique des objets menaçants. Il a donc recours à la dépoétisation du monde, à une optique réaliste où chaque objet garde son aspect utilitaire. Aussi aux ruses trop subtiles de son intelligence préfère-t-il les moyens directs, "la brutalité enviable du bandit Botchako" (*OC* II.365). Le cambriolage devient alors pour Genet non seulement un signe de virilité, mais surtout un moyen de contrôler l'imaginaire. Si le "casse" a pour effet de substituer un comportement jugé féminin et passif par un comportement viril et actif, il permet aussi le rejet de l'imaginaire et du féerique. Désormais, le monde n'est plus sujet à un processus d'idéalisation. Genet nous dit avoir perdu tout intérêt pour les rêveries auxquelles il se livrait auparavant. Le travail actif

---

[14] Jean-Paul Sartre, *L'Etre et le néant*, p. 366.

[15] Ici comme ailleurs, Genet fait subir à la réalité une transformation motivée par l'illusion de contrôle. Ce but est aussi à la base des jugements magnifiants où le plus abject devient le plus sublime, car, par ce geste, Genet se met en dehors des valeurs établies et échappe au contrôle, au jugement de la société. Lui-même ne s'y trompe pas qui parle de son orgueil: "...Il fallait beaucoup d'orgueil... pour embellir ces personnages crasseux et méprisés" (*JV* 19). Semblable à l'évanouissement, la transformation du monde menaçant en monde fantastique est une fuite de la réalité, mais tandis que la fuite imaginaire de Genet demeure consciente, est mise au service de la domination de la situation, la fuite réelle (courir, s'évader), ou l'évanouissement, sont des aveux d'impuissance.

du casse a rendu superflu le recours au rêve: le vol sert à l'ancrer à la réalité et à effacer le monde du rêve, jugé dangereux.

> ...je craignais que les procédés trop subtils, à force de subtilité, ne relevassent plus de la magie que de l'intelligence intelligible, et ne me missent malgré moi — mot à mot: à mon corps défendant — en rapport avec les sortilèges que je redoute, avec le monde invisible et méchant des fées, c'est pourquoi, à toutes les combinaisons sinueuses de mon esprit, je préférais les moyens directs des casseurs dont la brutalité est franche, terrestre, accessible et rassurante. (*OC* II.365)

Sartre se méfie — avec raison, pensons-nous — de cette soudaine conversion de Genet. Devenu casseur, Genet n'est pas plus réaliste qu'il ne l'était auparavant, il a seulement changé de rôle: il joue maintenant aux "durs" et adopte les manières de Botchako. Vrai ou non, ce qui nous semble surtout important c'est de constater les mécanismes de défense auxquels Genet a recours: tantôt nous le voyons idéaliser le monde, s'évader dans un monde idéal qu'il construit, tantôt cette évasion lui semble nuisible et il prétend alors adopter un comportement utilitaire.

La trahison

La réaction contre le rêve et le recours à l'imaginaire n'est nulle part plus accentuée que dans la philosophie de la trahison. Paradoxalement, Genet dit avoir recours à la trahison pour échapper à un nouveau type d'idéalisme qui menace le comportement criminel. Car dans un certain sens, la société criminelle fonctionne d'après un code social semblable à celui qui régit notre société. Les criminels eux aussi suivent une conduite réglée par des lois morales: il y a un "code de l'honneur particulier aux voyous" qui est le reflet inverse du code social accepté. Armand, dans *Journal du voleur*, s'oppose à ce code en préconisant une activité purement pragmatique. Nous citons le passage auquel nous avons déjà fait allusion dans notre premier chapitre à propos de Bataille, où Armand défend son point de vue contre celui de Stilitano et de Robert:

> Stilitano et Robert vivaient avec l'argent gagné par Sylvia. Ayant oublié vraiment nos sournois procédés avec les pédés, le second feignait de mépriser mon travail.
> — T'appelles ça du boulot? Du beau boulot, dit-il un jour. Tu t'attaques aux vieux qui tiennent encore debout grâce à leurs faux-cols et à leurs cannes.

—Il a raison, il fait mieux de choisir.

Je ne savais pas qu'aussitôt cette réplique d'Armand amènerait en morale une des révolutions les plus hardies. Avant même que Robert eût répondu, d'une voix un peu plus grave il continua:

—Et moi, qu'est-ce que tu crois, hein? Et tourné vers Stilitano: Qu'est-ce que tu crois? Quand c'est utile moi, tu m'entends, c'est pas aux vieux que je m'attaque, c'est aux vieilles. C'est pas aux hommes, c'est aux femmes. Et je choisis les plus faibles. Ce qui me faut c'est le fric. Le beau boulot c'est de réussir. Quand t'auras compris que c'est pas dans la chevalerie qu'on travaille t'auras compris beaucoup. Lui (ne m'appelant jamais par mon prénom ou son diminutif, Armand me désignait de la main), lui il est en avance sur vous et il a raison. (*JV* 198-99)

Genet voit dans la morale d'Armand une "révolution". C'est une révolution semblable à celle qu'amène "le casse", puisqu'elle aussi lui permet de s'affranchir de nouvelles contraintes. D'un côté nous avons le dépassement de l'attitude passive qui l'asservissait à la mendicité et la prostitution, de l'autre le dépassement des limites qui lui sont imposées par le code moral à l'intérieur de la société criminelle. Cette nouvelle morale a donc un effet libérateur; elle lui fournit les justifications nécessaires pour trahir ses amis et se faire "donneuse": "Plus tard, ma volonté, dégagée des voiles de morale par la réflexion et l'attitude d'Armand, je l'appliquerai dans la façon de considérer la police" (*JV* 199).

"J'aime secrètement, oui, j'aime la police" confie Genet dans *Journal du voleur*, où il nous conte ses amours avec l'inspecteur Bernadini. Nous avons vu le rôle que tient pour Genet la confusion des contraires au niveau du langage. Cette fusion fait partie de sa vision du monde qui n'est jamais stable, mais oscille d'un pôle à l'autre cherchant à tout englober. Le traître n'appartient tout à fait ni au monde du crime, ni au monde de la police. Il est entre ces deux pôles, jouant les deux rôles simultanément. L'importance de la "morale" d'Armand tient donc au fait que, désormais, Genet est libre de tout faire. Aucune valeur n'est accordée au préalable à un comportement quelconque, aucune loi ne limite son comportement. Il pénètre donc dans un univers incertain, sans stabilité, sans loi: "Sans aucun doute, c'est plus tard que je déciderai de développer et les exploiter les nombreux sentiments d'ambiguïté où avec la honte mêlée à ma délectation, je me découvris siège et confusion des contraires, mais déjà je pressentais qu'il nous appartient de déclarer ce qui nous servira de principes" (*JV* 199). Dans la trahison, nous trouvons donc le principe à l'oeuvre chez Genet: la loi qui tend à effacer les différences, à opérer la synthèse des contraires, la fusion, sinon la confusion, des termes antithétiques.

L'exemple le plus frappant de ce mécanisme est l'Allemagne hitlérienne: "Les Allemands seuls, à l'époque de Hitler réussirent à être à la fois la Police et le Crime. Cette magistrale synthèse des contraires, ce bloc de vérité étaient épouvantables, chargés d'un magnétisme qui nous affolera longtemps" (*JV* 200). C'est dans *Pompes funèbres*, récit qui se déroule à l'époque de la libération de Paris, que Genet développe le thème de la trahison. Tout le texte est un hymne à la trahison: pour apaiser la souffrance que lui cause la mort de son amant, Jean Decarnin, Genet imagine les aventures du milicien responsable de sa mort et se force à l'aimer, geste qui constitue une trahison à l'égard de la mémoire de son ami, mort défendant sa patrie, et de l'amour qu'il lui voue. De plus, la trahison, dans ce texte, dépasse l'échelle du particulier et acquiert une ampleur nationale, en se faisant crime contre l'Etat. *Pompes funèbres* met en scène une société sous le contrôle de bandits, de voyous: les soldats allemands et les miliciens:

> Le recrutement de la Milice se fit surtout parmi les voyous, puisqu'il fallait oser braver le mépris de l'opinion générale qu'un bourgeois eût craint, risquer d'être descendu la nuit dans la rue solitaire, mais ce qui nous y attirait surtout c'était qu'on y était armé. Aussi j'eus, trois ans, le bonheur délicat de voir la France terrorisée par des gosses de seize à vingt ans... J'étais heureux de voir la France terrorisée par des enfants en armes, mais je l'étais bien plus quand ces enfants étaient des voleurs, des gouapes. Si j'eusse été jeune, je me faisais milicien. (*OC* III.59)

Ce qui distingue l'Allemagne hitlérienne de la France sous l'Occupation, c'est que, dans la première, toute philosophie de la transgression est rendue impossible, tandis que, dans la seconde, la Milice fait figure d'exception (il faut braver l'opinion générale), et donc, le Mal est toujours possible. Pour Genet, le Mal et ses diverses figures, dans ce cas-ci la trahison, est affirmation de la liberté, et doit donc toujours se faire *contre* une valeur. D'où le sentiment d'insatisfaction et de gêne qu'il éprouve pendant son séjour en Allemagne: là il n'affirme plus sa singularité, il est comme tout le monde. Comme dans le cas des "donneuses," nous avons ici un type de trahison presque légalisé. Voler, au milieu d'un "peuple entier mis à l'index" perd tout son attrait:

> — C'est un peuple de voleurs, sentais-je en moi-même. Si je vole ici je n'accomplis aucune action singulière et qui puisse me réaliser mieux:

j'obéis à l'ordre habituel. Je ne le détruis pas. Je ne commets pas le mal, je ne dérange rien. Le scandale est impossible. Je vole à vide. (*JV* 131)

Genet formule le désir de "rentrer dans un pays où les lois de la morale courante font l'objet d'un culte, sur lesquelles se fonde la vie" (*JV* 131). Le Mal étant l'interdit ne peut se faire que sur un fond commun social et doit garder, comme l'avait vu Bataille, sa valeur d'exception. De même que le "casse", Genet présente la trahison comme recherche d'un matérialisme qui combat tout un système idéaliste qu'il juge dangereux:

Le goût de la *singularité*, l'attrait de l'interdit, concoururent à me livrer au mal. Comme le bien, le mal se gagne peu à peu par une découverte géniale qui vous fait glisser verticalement loin des hommes, mais le plus souvent par un travail quotidien minutieux, lent, décevant. Je donnerai quelques exemples. Parmi les travaux qui marquent cette ascèse particulière, c'est la trahison qui me coûta le plus d'efforts. Pourtant j'eus le courage admirable de m'écarter des hommes par une chute plus profonde, de livrer à la police mon ami le plus martyrisé. J'amenai moi-même les policiers au logement où il se cachait et je tins à cœur de recevoir, sous ses yeux, le prix de ma trahison. Sans doute cette trahison me cause une souffrance inouïe, m'apprenant du même coup mon amitié pour ma victime et pour l'homme un amour encore vivace; mais au milieu de cette souffrance, il me semblait que demeurât, la honte m'ayant brûlé de toute part, au milieu des flammes ou plutôt des vapeurs de la honte, d'une forme aux lignes sévères et nettes, d'une manière inattaquable une sorte de diamant, justement appelé solitaire. Je crois qu'on l'appelle aussi l'orgueil et encore l'humilité et encore la connaissance. J'avais commis un acte libre. Enfin, refusant que mon geste ne fût grandi par le désintéressement, qu'il ne fût un acte purement gratuit, accompli par une sorte de jeu, je complétai mon ignominie. J'exigeai que ma trahison fût payée. (*OC* iii.61)

Dans *L'Enfant criminel*, la tentation représentait l'évasion, qui est, d'une certaine façon, un moyen de dominer la situation. En niant le matériel, le criminel se réfugie dans le monde de la pensée, et a recours à l'imaginaire pour se créer un monde idéal. Or, la caractéristique de l'imagination, de la pensée, est de n'avoir pas de limites. Tout est pensable, et donc, cette évasion accorde une liberté sans entraves. Toutefois, ce monde imaginaire devient par la suite effrayant, par l'excès de liberté même qu'il accorde. Rien de moins stable que cette réalité qui se métamorphose constamment pour satisfaire les désirs: la magie, la féerie envahissent le monde quotidien et menacent de tout détruire. De nouveau, Genet perd contrôle. Son subterfuge n'a pas réussi, et il a maintenant recours à une nouvelle échappatoire: le retour à un matérialisme pragmatique, à une morale utilitaire. Avec la trahison et le casse, nous avons donc une tentative de se défaire de la tendance au rêve, à l'idéalisme, à la "chevalerie". "Il fallait que j'évite les actes de courage moral qui pouvaient me faire perdre de vue le courage physique", écrit Genet, qui donne donc la préférence au crime motivé par le gain plutôt qu'à l'acte gratuit (*OC* II.279).

Pourtant, cette préférence pour le physique, pour le matériel, n'a pas un effet plus stabilisant que la préférence pour l'idéal: les deux font appel à une liberté infinie, accordée d'une part par la pensée et l'imaginaire, et de l'autre par l'absence de contraintes morales. N'ayant plus aucune attache, tout est permis: le meilleur ami sera trahi, et c'est le gardien le plus aimable qui sera tué par Harcamone. Mignon n'a pas d'amis, les ayant tous trahis, écrit Genet. Dans *Journal du voleur*, Genet accepte l'offre de l'inspecteur Bernardini et se fait "donneuse": il trahit, il dénonce ses amis à la police (*JV* 207). D'ailleurs, presque tous les personnages de Genet sont des donneuses: Mignon-les-petits-Pieds, dans *Notre-Dame-des-Fleurs*, Stilitano, dans *Journal du voleur*, et, dans *Miracle de la rose*, Genet nous dit que Divers est responsable de la condamnation d'Harcamone, l'ayant dénoncé à la police à la suite d'un casse qu'ils avaient fait ensemble. Enfin, tout en adorant Harcamone, Genet le trahit à son tour lorsqu'il devient l'amant de Divers.

Si la trahison est un des principes dominants du comportement criminel, la question à poser devient alors: peut-il y avoir de société sans loi? Peut-on vraiment parler de société criminelle? L'absence de contraintes et de lois empêche la formation d'un groupe social et la possibilité de valeurs stables, en fonction desquelles on pourrait définir la criminalité comme l'envers du monde social que nous connaissons. Et, en effet, le monde de la criminalité genétienne n'est pas le reflet inverti de l'autre monde. Genet ne construit pas un autre monde qui se contente de nier le nôtre; *il nie tout*, il nie son propre monde, sa propre société, voulant tout détruire, se voulant négation pure:

> L'esprit de nombreux littérateurs s'est reposé souvent dans l'idée de bandes. Le pays, a-t-on dit de la France, en était infesté. L'on imagine alors de rudes bandits unis par la volonté de pillage, par la cruauté et la haine. Etait-ce possible? Il paraît peu probable que de tels hommes puissent s'organiser... Dans les prisons, chaque criminel peut rêver

d'une organisation bien faite, close mais forte, qui serait un refuge contre le monde et sa morale: ce n'est qu'une rêverie... Si de nos jours on parle dans la presse de bandes formées par des déserteurs américains et des voyous français, il ne s'agit pas d'organisation, mais de brèves collaborations entre trois ou quatre hommes au plus. (*JV* 104-05)

En acceptant la morale d'Armand et la trahison comme principe constituant de la société criminelle, Genet ouvre la porte à la dissolution des catégories et des hiérarchies qu'il avait si laborieusement établies. Pas plus que l'extrême idéalisation, le matérialisme poussé à la limite n'apporte aucune valeur stable. Désormais, rien n'est sacré, tout est sujet à des renversements, des changements, des métamorphoses.

Masculin/féminin

L'attrait qu'exerce le mal sur Genet tient en grande partie au mythe du "dur". Or, si nous analysons les personnages qui composent ce groupe, nous nous rendons compte jusqu'à quel point ils sont une construction imaginaire de Genet. Lui-même écrit: "...Je savais que... Stilitano était ma propre création, et qu'il dépendait de moi que je la détruisisse" (*JV* 136). Stilitano nous est présenté, dans *Journal du voleur*, comme le prototype de la force et de la virilité. Genet devient lyrique devant ses charmes: "un visage si dur, un corps si bien découplé...", "sa magnifique musculature" et ce qui à d'autres paraîtrait un défaut—Stilitano est manchot—exalte sa fureur (*JV* 36). Comme ces animaux dont la perte d'un membre sert à renforcer les autres, Genet l'imagine doué d'une puissance sexuelle extraordinaire: même le crachat qu'il roule perpétuellement entre les dents est considéré signe de virilité. Son refus de Genet (Stilitano feint de mépriser les tapettes dont il s'entoure) augmente ses charmes inaccessibles, au point où il représente "le signe essentiel" du désir de Genet pour "toutes les virilités: le soldat, le marin, l'aventurier, le voleur, le criminel" (*JV* 45). Or, le décalage extrême entre les actions, les attributs de Stilitano et le processus d'idéalisation auquel Genet le soumet se dévoile au long de l'oeuvre. Ce représentant de la virilité est une coquette qui porte, épinglée à l'intérieur du pantalon, une grappe de raisin artificiel dont la bosselure sert de faux appas pour attirer et frustrer les tapettes. De plus, les attitudes de "dur", de maître, que se donne Stilitano, ne sont là que pour masquer sa couardise. Se promenant avec Genet à Barcelone, Stilitano méprend trois hommes pour des tantes. Il les interpelle grossièrement, mais ceux-ci, qui sont en réalité des maquereaux, répondent aux insultes.

> Interloqué, Stilitano s'arrêta. Les trois hommes s'approchèrent.
> — Tu nous prends pour des mariconas, que tu nous parles comme ça?
> Encore qu'il eut reconnu sa bévue, devant moi, Stilitano voulut crâner.
> — Et alors?
> — Maricona toi-même.
> Des femmes s'approchèrent, et des hommes. Un cercle nous entoura. La bagarre parut inévitable. L'un des jeunes gens carrément provoqua Stilitano.
> — Si tu n'es pas une lope, viens cogner.
> ...Stilitano se sentit en danger. Ma présence ne le gêna plus. Il dit:
> — Alors quoi, les gars, vous n'allez pas vous bagarrer contre un estropié. (*JV* 68)

Pour éviter de se battre, Stilitano invoque son infirmité: "Il tendit vers eux son moignon". Ce geste, que Genet lui-même décrit comme "cabotinage immonde", n'écoeure pourtant pas Genet, qui, immédiatement, l'ennoblit, en faisant du moignon un sceptre: "Stilitano recula lentement, protégé de son moignon tendu, posé simplement devant lui. L'absence de la main était aussi réelle et efficace qu'un attribut royal, que la main de justice" (*JV* 68).

Stilitano n'est pas le seul personnage que Genet dégonfle systématiquement: nous apprenons qu'Armand, "la Toute Puissance en matière morale", "le maître massif et calme" qui ne recule devant rien pourvu que cela rapporte un bénéfice et devant lequel Genet tremble qu'il ne le roue de coups, gagnait sa vie en faisant une besogne de femme: "Une conversation maladroite un soir nous apprit qu'Armand, de Marseille à Bruxelles, de ville en ville, de café en café, pour gagner de quoi manger découpait des dentelles en papier devant les clients... délicat travail de mercerie obtenu avec une paire de ciseaux et du papier plié" (*JV* 235). Quant à Mignon, il copie la pose des gangsters de Chicago, et ne vit que pour l'instant où il pourra parader en prison ses montres d'or, ses bagues, son élégance de mac devant des cloches faciles à éblouir: "Il rêve moins de se montrer dans la splendeur de ses costumes neufs à une femme ou à ses rencontres quotidiennes et libres, que d'entrer dans une cellule le chapeau sur l'oeil, le col de sa chemise de soie blanche ouvert (la fouille a volé sa cravate), le raglan anglais déboutonné" (*OC* ii.33).

C'est que la qualité de dur tient en grande partie à l'apparence. Sa force est bien précaire; un rien menace de l'écrouler. Aussi le mec prend-il soin des signes extérieurs de sa puissance. Si, à Mettray, les membres de la famille "Jeanne d'Arc", la seule famille qui n'est pas désignée alphabétiquement, sont tous des cloches, c'est qu'à l'encontre des autres colons qui travaillent à l'atelier, ceux-ci travaillent aux champs, d'où ils reviennent crottés et sales. Ainsi, lorsqu'à Fontevrault, Genet consent, par amour, à échanger ses vêtements contre ceux de Bulkaen, il commet une erreur qui risque fort de le déclasser: "En semblant ainsi mépriser les ornements, je m'acheminais vers l'état de cloche qui tient presque tout dans les apparences. Je venais de commettre une nouvelle gaffe" (*OC* ii.279).

Nous avons constaté les divisions, classifications, répartitions de rôles à l'intérieur de la société genétienne. Nous pourrions penser que cette société est statique, composée d'êtres prédestinés, dès leur naissance, au rôle de dur ou de cloche. Si Genet s'amuse à placer ses personnages sous le signe d'une fatalité implacable, il n'hésite pas pour cela à se contredire, en faisant, par exemple, de l'état de cloche, non une nature caractéristique de certains êtres, mais un stage transitif dans le cycle d'évolution du caractère criminel:

> Les petits voyous vont d'instinct vers [les macs insolents], ils les entourent, ils les écoutent, la bouche entrouverte. Le mac les féconde. Et si l'on hausse les épaules à propos d'un idéal qui paraît ridicule, on aura tort car ils obéissent à l'impulsion amoureuse qui les oblige à ressembler à celui qu'ils aiment: un dur, jusqu'au jour où, enfin, ils sont devenus celui qu'ils aimaient. Ils perdent alors, en durcissant, l'émouvante tendresse que leur donnait le mouvement de marche vers leur but, l'inconsistant écoulement de jeunesse désirante à maturité et qui n'est que de passage. Alors tout en eux oublie cette marche amoureuse. Ils sont devenus un mac banal, sans davantage se souvenir de l'aventure qu'il leur fallut parcourir pour être ce mac. Ils serviront à leur tour de pôle attractif à d'autres minos, car c'est de ce moyen, peut-être impur, que Dieu se sert pour fabriquer les hommes impassibles des prisons. (*OC* ii.361)

Les rôles que nous avons décrits ne sont pas, comme nous pourrions le penser, donnés une fois pour toutes. Les distinctions nettement établies par Genet, en réalité, se chevauchent, un même personnage pouvant être rangé successivement, et même, simultanément, dans plusieurs catégories. Genet, qui à Mettray a été le vautour, la femme de Villeroy et de tant d'autres, appartient, à la Centrale de

Fontevrault, aux durs par son activité de casseur. Mais la dureté est aussi une catégorie sexuelle. Or, le rôle de Genet est double: en même temps qu'il courtise Bulkaen et tente d'en faire sa "femme", il est lui-même la "femme" de Divers. Le caractère ténu, instable des divisions est d'autant plus marqué que, vers la fin de *Miracle de la rose*, les rôles se renversent et c'est Genet qui joue le rôle dominant dans son rapport avec Divers ("je connus la volupté de le dominer, enfin!" [*OC* II.468]).

Si la division de la société selon les rôles des participants s'avère insoutenable (il n'y a plus d'opposition entre les durs et les faibles, ces positions étant relatives et commutatives), de même, une lecture attentive détruit l'opposition entre les macs et les casseurs. En fait, tous les macs sont aussi des casseurs. Même Mignon, quintessence du mac, pratique le casse, et vers la fin du livre, il est arrêté pour vol. Il ne s'agit nullement du résultat d'une évolution caractérielle, hypothèse avancée par Kate Millett, qui voit dans cette activité l'influence de Divine (on sait que l'attitude de Divine, dont la mollesse est contagieuse, déteint sur tout le monde)[16]. En fait, il n'en est rien. Mignon était déjà voleur avant sa rencontre avec Divine, et lorsque celle-ci l'invite à rester chez elle le lendemain de leur rencontre Mignon apporte "sa cotte bleue de nuit des expéditions, son trousseau de fausses clés, et sur le tas qu'ils font par terre il (pose) ses gants de caoutchouc blancs, pareils à des gants de cérémonie" (*OC* II.30). La différence entre macs et casseurs semblerait donc être une question de degré, le type de vol que pratique le mac étant plus irrégulier, moins organisé que celui du casseur, et constituant un délit moins grave que le vol avec effraction.

Nulle figure criminelle n'est plus durement remise en question que celle d'Harcamone. Ce Dieu "qui gardait un silence dédaigneux", en réalité "ne savait ni penser ni parler" (*OC* II.270). Dans un passage de *Miracle de la rose*, Genet nous révèle l'autre face du criminel glorieux: "Dévêtue de ses ornements sacrés, je vois nue la prison, et sa nudité est cruelle. Les détenus ne sont que de pauvres gars aux dents rongées par le scorbut, courbés par la maladie, crachant, crachotant, toussant... Ils puent" (*OC* II.246).

La coexistence d'attributs et de rôles contradictoires est frappante chez Bulkaen, qui, de tous les personnages genétiens, demeure le plus indéchiffrable. L'ancienne cloche de Mettray qui avoue avoir toujours

---

[16] Kate Millett, "Jean Genet" in *Sexual Politics* (New York: Doubleday, 1970), pp. 348-49.

été "fleur", est pourtant casseur à Fontevrault. Cet aveu, constate Genet, dément ses lettres où il prétend avoir brillé. Genet nous le présente tantôt comme une "fille" ("Bulkaen… était un petit homme que Mettray avait fait fille à l'usage des marles, et tous ses gestes étaient le signe de la nostalgie de sa virilité pillée, détruite" [*OC* ii.326]), tantôt comme un "dur", qui, lui aussi, a eu la révélation du casse. Il est alors le cambrioleur surnommé "Bijoux" dont le regard d'acier révèle une virilité insoupçonnée, le courageux camarade de Botchako qui meurt fusillé lors d'une tentative d'évasion: "S'il a choisi pour s'évader la complicité de Bulkaen, c'est que Botchako a reconnu en lui les facultés qu'on demande d'un camarade d'évasion, et d'abord le sang froid et le courage qui sont des qualités viriles…" (*OC* ii.424-25). Et donc Genet place "la fille à Rocky" (Rocky est l'ancien compagnon de casse de Bulkaen), la cloche de la famille Jeanne d'Arc qui avait subi les tortures de Villeroy et des autres "marles" de Mettray, plus haut que lui: d'abord parce que Genet juge que Bulkaen le méprisait et ne répondait pas à son amour (pour Genet, le refus confère une sorte de supériorité), et ensuite, à cause de sa mort courageuse: "Bulkaen était plus haut que moi. J'étais sûr de ne jamais l'atteindre" (*OC* ii.425).

Sartre a analysé, dans *Saint Genet*, la dialectique qui permet à Genet de maintenir simultanément, dans un même mouvement, deux positions qui se veulent exclusivement contradictoires. Sartre nomme "tourniquet" ce type de raisonnement fallacieux qui caractérise la pensée de Genet (*SG* 368-79). Sa logique, dit-il, est circulaire: il n'y a pas de progression, mais chaque terme passe dans son opposé à l'infini. Harcamone, Stilitano, Mignon, sont à la fois les plus forts et les plus faibles. Le Dur est à la fois l'essentiel et l'inessentiel: il est l'essentiel, car il soumet le pédéraste passif, la tante-fille. Mais comme le maître de la dialectique hégélienne, le pédéraste actif n'est rien sans la reconnaissance, sans l'amour que lui porte la tante-fille, son esclave, et donc, le pédéraste passif le possède à son tour: Genet possède Stilitano, Divine possède Mignon qu'elle infeste de sa "poésie". Voici le pédéraste passif devenu l'essentiel. C'est à ce point que le raisonnement de Genet diffère de la dialectique hegélienne, car au lieu d'effectuer une synthèse, Genet fait volte face et retourne à sa thèse initiale: le dur est vraiment l'essentiel sans lequel la tante-fille ne pourrait accéder au sacré, etc. Pour Sartre, les tourniquets sont une nouvelle manifestation de la mauvaise foi de Genet. Ayant choisi le Mal, la méchanceté, comme position existentielle, il n'est point étonnant qu'il pense faux, qu'il ait recours à des raisonnements pervers: sa volonté est destructrice. De plus, nous montrerons que ces tourniquets sont aussi l'effet déséquilibrant d'une vision du monde qui dissout toute notion de valeur et ramène tout au même.

Les toiles de l'araignée

Nous avons vu comment le dur, la figure masculine du couple homosexuel, finissait par se confondre avec la lope, son opposé féminin. Nous avons assisté à la désintégration d'Harcamone, incarnation du criminel parfait dont Genet nous révèle la bêtise, et du prototype du Mac, Stilitano, qui s'avère poltron. Le geste qui tend à confondre un terme et son opposé se retrouve dans le concept même d'homosexualité, qui marque l'effacement du partage entre les deux sexes et leur confusion en un des termes. Les catégories masculines et féminines constituent donc un terrain fertile, privilégié, pour le jeu de fusion des contraires auquel se livre Genet.

Divine, l'essence de la féminité dans les relations homosexuelles, ne correspond tout à fait ni à la catégorie de la femme, ni à celle de l'homme. Elle n'est ni "un mâle maquillé, échevelé de gestes postiches" ni une de ces "femelles à jupe", de ces "horribles femelles à tétons" qu'elle abhorre (*OC* II.142-43, 147).

> Sans doute, il lui était arrivé déjà de se dire tout haut: "Je suis une pauvre fille", mais, l'ayant senti, elle ne le sentait plus, et, le disant, elle ne le pensait plus. En présence de Mimosa, par exemple, elle arrivait à penser "femme" à propos de choses graves mais jamais essentielles. Sa féminité n'était pas *qu'une* mascarade. Mais, pour penser "femme" en plein, ses organes la gênaient. Penser, c'est faire un acte. Pour agir, il faut écarter la frivolité et poser son idée sur un socle solide. Alors venait à son aide l'idée de solidité, qu'elle associait à l'idée de virilité, et c'est dans la grammaire qu'elle la trouvait à sa portée. Car, si pour définir un état qu'elle éprouvait, Divine osait employer le féminin, elle ne le pouvait pas pour définir une action qu'elle faisait. Et tous les jugements "femme" qu'elle portait étaient en réalité, des conclusions poétiques. Ainsi, Divine n'était vraie qu'alors. (*OC* II.142-43)

Ce passage précède immédiatement la narration de la seule expérience de Divine avec la femme: "Toute la femme était dans une petite fille que Culafroy avait connue au village. Elle s'appelait Solange" (*OC* II.143)[17]. L'importance de cet épisode ne tient pas seulement au fait

---

[17] Avant de devenir prostitué homosexuel, Divine se nommait Lou Culafroy. Trait typiquement génétien, le nom Culafroy allie les connotations les plus grotesques (Cul-à-froid) et les plus nobles (la terminaison en "froy" évoque des noms anciens tels que Godefroi-Godefroi de Bouillon fut le chef, de la première croisade—et donc,

qu'il présente l'échec de la relation hétérosexuelle, mais aussi parce qu'il préfigure le type de relation avec la femme qui dominera chez Genet. Signalons, dès l'abord, l'aura de religiosité qui entoure ce passage.

> Durant les jours calcinés, ils restaient accroupis sur un banc de pierre blanche, dans une petite nappe d'ombre fine, étroite comme un ourlet; les pieds rentrés sous leur tablier pour ne pas les mouiller de soleil; ils sentaient et pensaient en commun sous la protection de l'arbre à boules de neige. Culafroy fut amoureux, puisqu'il fit, quand Solange fut mise au couvent, des pèlerinages. Il rendit visite au rocher du Crotto. (*OC* ii.143)

Le rocher du Crotto est l'endroit défendu par les mères. Solange et Culafroy s'y rendent, un soir d'orage, "l'épouvante sacrée dans l'âme" (*OC* ii.143). "Le ciel visitait la terre", l'air était "mystérieux et mystique, imité des temples". A travers les branches des sapins, Culafroy s'attend à voir surgir une vierge miraculeuse qui, "afin que le miracle fût total, serait en plâtre colorié" (*OC* ii.144). Ce décor est le théâtre d'une petite scène au cours de laquelle, Solange, devenue prophétesse, prédit la mort violente d'un homme. Debout sur le plus haut sommet du roc, la petite prononce d'une voix blanche: "Dans un an, un homme se jettera en bas" (*OC* ii.144). Culafroy, qui la croit, en est bouleversé. Or, voilà qu'un an se passe, Solange est envoyée au couvent et Culafroy a fait entre temps la connaissance d'Alberto, le pêcheur de serpents du village qui l'a remplacée dans son coeur. Aucun homme ne s'est suicidé et Solange a oublié l'épisode. Déçu, Culafroy conclut qu'elle avait joué un rôle pour se rendre intéressante. Il n'éprouve plus qu'un peu de pitié pour "la fillette trop pâle, fine et lointaine" (*OC* ii.146).

"Solange, autrefois, était la fée des araignées du matin—Chagrin, dit la chronique" (*OC* ii.146). Pour Genet, les araignées tissent le sort. C'est donc Solange qui jadis contrôlait le destin. Mais Solange est oubliée, la petite Pythie a perdu son pouvoir surnaturel, et Culafroy, épris d'Alberto, s'est détourné de la femme: "Divine ne fit jamais aucune autre expérience de la femme" (*OC* ii.147). Signalons avant de procéder au déchiffrement du rôle de la mère chez Genet, la parenté

tout un climat noble, médiéval et religieux qui jure avec la déchéance morale du personnage). Signalons aussi qu'Ernestine se veut descendante des Picquigny, vieille famille noble, fait qui fascine et charme Culafroy.

entre "la prophétie du Crotto" et les apparitions et miracles qui ponctuent les textes de Genet. Notons surtout la similitude entre Crotto et Grotte, qui renvoie au lieu célèbre d'une des apparitions de la Vierge: celle de Lourdes, devenu site d'un pèlerinage célèbre et dont nous reparlerons plus loin. Signalons aussi la ressemblance entre Crotto et "crotte". La Vierge de l'apparition ne peut être que calcinée, morte, "en plâtre colorié". Car la désillusion que Genet éprouve envers Solange marque, comme l'écrit Genet, la dissipation d'une autre fonction surnaturelle (*OC* ii.145). Solange-vierge-prophétesse est fausse, comme une vierge en plâtre; morte, comme un étron calciné:

> Solange était devenue semblable à l'un des excréments refroidis que déposait Culafroy au pied du mur du jardin, dans les cassis et les groseilliers. Quand ils étaient encore chauds, il trouvait pendant quelque temps une délectation tendre dans leur odeur, mais il les repoussait avec indifférence — parfois même avec horreur — quand, depuis trop longtemps, ils n'étaient plus lui-même. Et si Solange n'était plus la fille chaste, ôtée de sa côte, la fillette qui ramenait dans sa bouche ses cheveux pour les mordiller, lui-même s'était calciné à vivre avec Alberto. (*OC* ii.145)

Culafroy se détourne de la femme-araignée dont les fils forment une dent-elle castratrice, trappe, *vagina dentata* où il craint d'échouer: "Elle écouta comme une femme les confidences de Culafroy. Elle eut un instant de gêne et rit, et tel, ce rire, que sur ses dents serrées semblait gambader un squelette qui les martelait à coups secs" (*OC* ii.146)[18].

Au milieu de la digression sur l'amour de Culafroy pour Solange, Genet interrompt sa narration: "Je m'interromps ici pour observer ce matin une araignée qui tisse dans le coin le plus noir de ma cellule" (*OC* ii.146). Intimement liée à l'araignée est toute une symbolique des tissus. D'abord, l'araignée tisse des fils dont la délicatesse trompeuse masque le caractère mortel. C'est une dentelle compliquée, contournée, un ouvrage de femme qui s'oppose aux pratiques trop rudes des hommes. La dentelle, comme les fils d'araignée, se rattache à la mort; elle est "parure de deuil": "Lorsqu'un enfant, pour la première fois, découvre la dentelle noire, un choc, une petite déchirure: la stupeur d'apprendre que la dentelle, le plus *léger* des *tissus*, peut être parure

---

[18] Le terme "vagina dentata" renvoie au fantasme de l'enfant qui perçoit le vagin de la mère comme objet menaçant, castrateur, muni de dents.

de deuil" (*OC* ii.370). Il existe, chez Genet, tout un langage des tissus: la dentelle, le crêpe et le voile sont principalement des tissus de deuil; les satins et les tulles, par contre, rappellent les noces d'enfants ou les premières communions; nous avons aussi les tissus légers, mousselines et volants de soie des jours de fête, les tissus riches et lourds tels que la moire et le velours des décors somptueux dont rêvent les personnages. Toute la scène d'amour entre Paulo et Hitler, dans *Pompes funèbres*, s'élabore à partir du rideau de guipure, gigantesque toile d'araignée qui couvre la fenêtre de la chambre du narrateur. Nous avons aussi les dentelles de papier des bouquets de fleurs, la dentelle bleue des tatouages des prisonniers, la dentelle bleue des corps estropiés des cloches, les fausses dentelles que vendait Stilitano aux paroissiens crédules, et les dentelles en papier que découpait Armand. La dentelle, tissu par excellence chez Genet, est à la fois symbole de féminité, d'agilité (elle s'oppose à la lourdeur de l'homme: Mignon a "des doigts en dentelle"), de sensualité (Madames et prostituées des oeuvres de Genet portent toutes des jupons en dentelle noire) et ornement religieux de l'autel, des robes des prêtres où Genet se complaît à voir une fausse féminité ("—Un monde d'abbés, dans ses dentelles..." [*OC* ii.355]). Mais la dentelle, comme le voile, autre tissu important, est masque: elle représente la féminité dangereuse, cachée, trompeuse. La dentelle est symbole de mensonge: Bulkaen ment, et les mille aventures qu'il invente lui composent "un organisme et un squelette de dentelle, légers et fantastiques" (*OC* ii.257-58). Comme les sécrétions de l'araignée auxquelles elle ressemble, la dentelle est trappe, leurre, dent-elle mort-elle.

Chez Genet, la femme se rattache à toute une symbolique de l'araignée et du tissu. Solange—la seule femme aimée—est femme-araignée. Elle tisse le sort, contrôle le destin, mais de façon essentiellement négative: c'est une figure menaçante qui prédit la mort. A cet égard, il est intéressant de constater que l'obsession de l'araignée a été l'objet d'une interprétation psychanalytique qui ne manque pas d'intérêt pour notre sujet. Karl Abraham, dans un article qui analyse la signification de cette phobie chez un patient, relève le fait biologique suivant: "L'araignée femelle est plus grande et plus forte que son mâle. La copulation est dangereuse pour le mâle car il risque d'être tué et dévoré par la femelle. Il y a donc une concordance remarquable entre le contenu de la représentation de la phobie... et le fait scientifique"[19].

[19] Karl Abraham, "L'Araignée, symbole onirique," in *Oeuvres complètes*, ii (Paris: Payot, 1966), 145.

La peur de la femme se traduit, chez Genet comme chez le patient d'Abraham, en une phobie de l'araignée. Pour comprendre cette obsession, c'est vers le passé que la psychanalyse se tourne. Le premier objet d'amour de l'homme, c'est sa mère, et la relation—positive ou négative—qu'il a, dès le plus jeune âge, avec elle, va colorer tous ses futurs rapports avec d'autres femmes. Le rapport à la mère détermine, en quelque sorte, la nature du désir de l'homme, le fait qu'il choisira l'objet d'amour selon un modèle narcissique (ce que fait, par exemple, l'homosexuel, en se détournant de la femme), ou par "étayage", par identification à la mère qui, ayant satisfait les désirs et les besoins du jeune enfant, sert de modèle aux relations hétérosexuelles ultérieures.

Pour la psychanalyse, l'araignée représente donc la mère phallique, la mauvaise mère que l'on craint. Karl Abraham explique ainsi l'origine de cette équivalence:

> Tout psychanalyste a rencontré l'araignée comme symbole dans les rêves de ses patients. Mais nous manquons de références utilisables concernant sa signification. Freud signale au passage que l'araignée représente la mère—à savoir la mère méchante que l'enfant redoute. Il n'est pas évident pourtant que ce soit l'araignée qui doive figurer ces aspects d'une mère. On pourrait songer à l'araignée qui capture et tue des animaux plus petits et en rêve les petits animaux représentent souvent les enfants.[20]

Abraham analyse le rêve d'un patient au cours duquel une araignée est écrasée. Il constate que la mère du patient avait été la figure dominante des relations parentales. Dans ses fantasmes inconscients, celui-ci la dotait d'attributs virils tandis qu'il adoptait vis-à-vis d'elle une attitude féminine passive. Le patient d'Abraham, qui souffre de la peur de la femme et de la castration, éprouve, à l'époque du rêve, la tentation de l'homosexualité. Lisant en parallèle le texte de Genet, nous notons que le nom d'Ernestine surgit au moment où Genet s'apprête à décrire l'amour de Culafroy pour Solange. La mère sert donc d'introduction, précède immédiatement la description des rapports à la femme. Ernestine est mentionnée à propos de la détermination des caractéristiques masculines et féminines chez Divine: "Sans doute, elle-même n'était pas femme (c'est-à-dire femelle à jupon); elle ne tenait à cela que par sa soumission au mâle impérieux, et pour elle, femme non plus, Ernestine, qui était sa mère" (*OC* II.143). Pour Culafroy,

[20] Abraham, p. 141.

Ernestine n'est donc pas femme: c'est une mère "non soumise au mâle", une mère douée d'attributs masculins, une mère araignée, meurtrière, qui n'hésitera pas à attenter à sa vie.

A l'encontre de la psychanalyse freudienne qui mettait surtout l'accent sur le complexe d'Oedipe — le fils rival du père — les travaux contemporains soulignent plutôt l'importance des identifications précoces, en particulier, celles qui résultent de la relation de la mère avec l'enfant en bas âge. Les docteurs Hesnard et Lagache citent tous deux les travaux de John Bowlby sur des jeunes délinquants, des voleurs récidivistes qui manifestent un caractère indifférent (*affectionless*), trait que Bowlby rattache aux perturbations précoces de la relation de la mère et de l'enfant: "...de longues séparations engagent l'enfant dans des réactions émotionnelles autour du fantasme de la mauvaise mère, fantasme qui devient si dominant que l'enfant n'est plus apte à le corriger au contact de la réalité; lui-même prend l'habitude de se considérer comme un enfant indigne d'amour"[21]. Dans cette veine, le meurtre raté d'Ernestine peut être considéré comme un de ces fantasmes de la mauvaise mère. Et, de même, le meurtre de la petite fillette par Divine devient, envisagé de ce point de vue, une projection de ce même fantasme où le désir de puissance inverse les rôles, la mère jouant le rôle de la petite fille, et Divine celui de la mère. Ajoutons à ces exemples celui de la "petite bonniche" de *Pompes funèbres* qui perd sa fille et que Genet soupçonne de meurtre. Il éprouve, avoue-t-il, du plaisir à la torturer, et imagine des scènes sadiques, par exemple celle du viol, lors de l'enterrement de son enfant. Ainsi, l'enfant mal aimé ne pourra, à son tour, aimer. L'enfant abandonné, l'enfant qui se sent indigne d'amour, projette sur autrui ses propres sentiments et perçoit le monde comme étant indigne d'amour.

Tous les criminels de Genet se meuvent dans un monde hostile où la force est la seule valeur respectée, où le moindre geste d'affection est signe de faiblesse. C'est que la tendresse est signe de faiblesse, de féminité, et la féminité est ce qu'il faut éviter à tout prix pour ne pas tomber, comme Divine, à l'état de cloche ou de tante-fille. Aussi la position de Genet vis-à-vis des catégories masculines et féminines est-elle ambivalente et tend-elle de nouveau à estomper les différences. Par une espèce de mouvement compensatoire, la mère masculine trouve son complément dans le fils féminisé. Ainsi, Ernestine, mère phallique, a un fils, Culafroy, qui devient Divine, personnage qui

---

[21] Daniel Lagache, p. 204. Le docteur Hesnard mentionne les travaux de John Bowlby dans *Psychologie criminelle*, p. 119.

incarne tous les attributs de la féminité. Chez Genet, les détermina-
tions masculines et féminines sont donc inversées: la mère est, la plupart du temps, douée d'attributs masculins: c'est une figure de répression au point où, dans *Miracle de la rose*, Genet l'identifie à la prison.

> Il m'arrive de parler de la Colonie en disant: "La vieille", puis "la sévère".
> Ces deux expressions n'eurent sans doute pas suffi à me la faire con-
> fondre avec une femme mais, outre que déjà elles qualifient habituel-
> lement les mères, elles me vinrent, à propos de la Colonie, alors que
> j'étais las de ma solitude d'enfant perdu, et que mon âme appelait une
> mère. Et tout ce qui n'est qu'aux femmes: tendresse, relents un peu
> nauséabonds de la bouche entrouverte, sein profond que la houle sou-
> lève, corrections inattendues, enfin tout ce qui fait que la mère est la
> mère... Je chargeai la Colonie de tous ces ridicules et troublants attri-
> buts de sexe jusqu'à ce que, dans mon esprit, elle se présentât non sous
> l'image physique d'une femme, mais qu'entre elle et moi s'établît une
> union d'âme à âme qui n'existe qu'entre mère et fils et que mon âme
> impossible à tromper reconnaît. J'arrivai à lui adresser des invocations.
> Je l'implorai de revivre à mon souvenir. Ce fut l'époque mystique. Cette
> divinité dormait encore dans un sommeil solennel et lointain, dans les
> limbes. Peu à peu, les voiles tombèrent d'elle. La mère se précisa. (*OC*
> II.387)

Mais la position des personnages de Genet par rapport à la mère
ne se comprend pas seulement à partir de la figure de répression.
L'identification joue tout aussi fortement, d'abord, dans l'attribution des
rôles sexuels: l'homosexuel passif a le rôle prépondérant. Divine n'a
pas de père, et donc, c'est Ernestine, la mauvaise mère, qui lui sert
de modèle. C'est d'elle qu'il tient tous ses traits: sa théâtralité, son
goût de la noblesse, et l'identification du narrateur avec elle est souvent explicite: "Comme moi-même", écrit Genet, Ernestine ne consent à tuer qu'à condition "d'éviter l'horreur de l'ici-bas". Et donc, elle
met ses bijoux, ainsi que Genet le faisait jadis avant de se faire ses
piqûres de cocaïne (*OC* II.19)[22].
Ce double movement de rejet et d'identification explique l'aversion
de Genet envers ce qu'il considère les attributs féminins: le trop mou,

---

[22] Une image qui revient assez fréquemment chez Genet et que nous analyserons
de façon plus détaillée dans notre prochain chapitre indique d'une manière frappante l'identification au rôle féminin: c'est l'image de la grossesse. Par exemple, dans
Miracle de la rose, Genet écrit, à propos de Divers: "...il m'habita. Dès lors, j'en jouis
comme d'une grossesse" (*OC* II.279).

le trop flasque, le trop blanc ne lui inspirent que répulsion. C'est précisément ce genre de réaction que nous avons trouvé dans le passage que nous venons de citer où "la mauvaise mère", pour employer l'expression de Mélanie Klein, est caractérisée par "les relents nauséabonds de la bouche entrouverte". La féminité est répulsive, mais paradoxalement, c'est elle qui fournit les caractéristiques déterminantes de l'homosexuel genétien. Même physiquement, Genet décrit Divine avec des attributs féminins: elle est "la toute-Molle" (*OC* II.108). Ainsi que le Genet de *Miracle de la rose*, son corps se caractérise par le trop flasque, le trop mou, la blancheur laiteuse. Et donc, l'enfant mal aimé qui ne peut, à son tour, s'aimer, découvre en lui les traits qui lui répugnent le plus.

La femme n'est pas entièrement négative, mais là où sa figure est positive, elle est désexualisée, exagérément idéalisée. Cette irréalisation n'est, bien sûr, qu'une forme plus subtile de rejet: nous n'avons plus affaire à une femme, mais à une "apparition". Dans le passage que nous avons déjà cité, Genet parle de la prison comme d'une femme ("Je chargeai la Colonie de tous ces ridicules et troublants attributs du sexe..."), puis il fait d'elle une mère ("...entre elle et moi s'établit une union qui n'existe qu'entre mère et fils..."), et enfin, une divinité maternelle ("J'arrivai à lui adresser des invocations... Ce fut l'époque mystique. Cette divinité dormait encore dans un sommeil solennel et lointain... Peu à peu, les voiles tombèrent d'elle. La mère se précisa" [*OC* II.387]). Or, la figure maternelle par excellence de la religion catholique, religion dans laquelle Genet a été élevé, nous est fournie par l'image de la Sainte Vierge: la divinité maternelle à qui Genet adresse ses invocations c'est donc la mère du Christ sous la forme de l'Immaculée Conception. Paradoxalement, l'homosexuel voue un culte non pas à Dieu le Père, mais à la Vierge Marie. Bien avant le féminisme militant, Mignon ne priait-il pas, lorsqu'il se rendait à l'église avec Divine: "Notre Mère qui êtes aux cieux..." (*OC* II.35). Un lien secret relie les hors-la-loi à la Vierge, lien qui, depuis Villon est peut-être traditionnel, mais qui, chez Genet, prend une nouvelle forme. C'est l'Immaculée Conception, la mère suprême, idéale, non souillée par l'acte sexuel, qui préside au monde de la pédérastie.

L'alliance entre l'homosexuel et la Vierge se fait parfois indirectement, par le biais de la couleur, le bleu du pantalon du marin venant s'allier au tablier bleu de la Vierge Marie, le lien établi étant ici d'ordre visuel. Mais le lien est parfois plus subtil, d'ordre linguistique ou phonique (Marin, Mer, Mère...). Plusieurs critiques ont taxé d'arbitraire, de jeu gratuit, semblable au concetti baroques remis en vogue par les surréalistes, l'alliance entre la rose et le bagnard que Genet signale au début de *Journal du voleur*.

> Le vêtement des forçats est rayé rose et blanc. Si, commandé par mon coeur l'univers où je me complais, je l'élus, ai-je le pouvoir au moins d'y découvrir les nombreux sens que je veux: *il existe donc un étroit rapport entre les fleurs et les bagnards.* La fragilité, la délicatesse des premières sont de même nature que la brutale insensibilité des autres. Que j'aie à représenter un forçat — ou un criminel — je le parerai de tant de fleurs que lui-même disparaissant sous elles en deviendra une autre, géante, nouvelle. (*JV* 9)

Il nous semble au contraire que la persistence avec laquelle ces correspondances reviennent accuse un lien plus profond: toute une chaîne d'associations visuelles ou phoniques relie le criminel à la rose, et la signification de la rose est étroitement liée à la mère absente et au culte de la Vierge. Le rose, la rose permettent à Genet d'associer, de réunir en un terme des éléments contraires tels que la féminité et la virilité, la fragilité et la force, le sacré et l'abject, la pureté et la souillure.

Par sa fonction même puisqu'elle contient les organes de reproduction de la plante, la fleur a une forte signification sexuelle: la défloration signifie la perte de la virginité. Si Genet maintient ce sens (Harcamone, en violant la fillette, "perd sa fleur", et cette perte de la virginité est signifiée par la grappe de lilas qu'il laisse dans les cheveux de la victime après l'avoir étouffée), il en ajoute bien d'autres. "J'ai toujours été fleur" avoue Bulkaen, et dans ce sens, fleur désigne le rôle passif dans les relations homosexuelles. Harcamone est symbolisé par la rose, et la fleur coupée préfigure sa décapitation. De même, les tantes de *Notre-Dame-des-Fleurs* sont comparées à des fleurs en papier, qui, lorsqu'elles perdent leur sobriquet, sont réduites à rien, de simples tiges de fer dépouillées de leur corolle. Appelées à comparaître lors du jugement de Notre-Dame, Mimosa ii devient René Hirsch, Première Communion, Antoine Bertholet. Le narrateur commente: "Elles n'étaient plus le bocage de papier crépelé fleurissant aux terraces des cafés" (*OC* ii.187). Si le "dur" (Harcamone, Divers), est comparé à une rose, les "tantes" sont des fleurs artificielles (Divine est symbolisée par une rose d'étamine), car ce sont des femmes artificielles.

> (...Divine, Première Communion, Mimosa, Notre-Dame-des-Fleurs, Prince-Monseigneur, ne sont pas venus au hasard. Il existe entre eux une parenté, une odeur d'encens et de cierge qui fond, et j'ai quelque fois l'impression de les avoir recueillies parmi les fleurs artificielles ou

naturelles dans la chapelle de la Vierge Marie, au mois de mai, sous et autour de cette statue de plâtre goulu dont Alberto fut amoureux et derrière quoi, enfant, je cachais la fiole contenant mon foutre.) (*OC* II.187)

Rappelons qu'Alberto est l'initiateur de Divine aux relations homosexuelles. Comme les fleurs qui entourent la statue, le foutre, élément impur dont l'absence caractérise précisément "l'Immaculée Conception", est une offrande à la Vierge. Divine, les tantes qui incarnent le négatif de l'innocence attribuée aux fleurs, sont aux pieds de la Vierge et jouent le même rôle que les fleurs. Le pur et l'impur ont le même rôle. Genet se complaît ici encore à réduire une chose à son opposé: "déjà la confusion s'établissait, insidieuse, qui me ferait nier les oppositions fondamentales", lisons-nous dans *Journal du voleur* (*JV* 34). Aussi le titre *Notre-Dame-des-Fleurs* perpétue délibérément la confusion entre Notre-Dame, patronne des malheureux et des opprimés, Notre-Dame de Lourdes, une des apparitions de la Vierge sous la forme de l'Immaculée Conception, et Notre-Dame, reine des fleurs de la pédérastie. *Notre-Dame-des-Fleurs* est donc à la fois un hymne, une glorification du monde de la pédérastie et du crime, et une invocation subtile à Notre-Dame, "chambre de la divinité", selon les mots de Villon dans son *Testament du pauvre*, sous laquelle est placé le patronnage du monde de la pègre et des désemparés. Lors de son jugement, "tous les yeux purent lire, gravés dans l'aura de Notre-Dame-des-Fleurs, ces mots: 'Je suis l'Immaculée Conception' " (*OC* II.178)[23].

La fleur du mâle

Pour Genet, le condamné à mort est un être en dehors de la norme. Si les "miracles" que commande *Notre-Dame* sont, en fin de compte, des méprises explicables, *Miracle de la rose* appartient tout à fait au monde du merveilleux et fait appel à des éléments surnaturels. Le titre, d'ailleurs, nous renvoie au Moyen Age, évoquant les drames religieux consacrés le plus souvent aux miracles faits par la Vierge. Fontevrault, ancien monastère, évoque par son passé tout un climat

---

[23] L'Immaculée Conception est aussi présente dans *Le Balcon* où les prostituées de la Maison de passe recréent les éternelles figures humaines. Mais là, c'est une figure dépassée, oubliée, qui ne se joue plus. Jadis, avant de s'occuper de la comptabilité de la Maison, Carmen jouait le rôle de l'Immaculée Conception de Lourdes montée "sur un rocher couvert de neige et d'un rosier fleuri en papier jaune" devant un "miraculé" pâmé (*OC* IV.66).

religieux qui encourage les comparaisons entre le religieux et le criminel: "La Centrale vivait comme une cathédrale un minuit de Noël. Nous continuions la tradition des moines s'activant la nuit, en silence. Nous appartenions au Moyen Age" (*OC* ii.229).

Miracle de la rose, avons-nous dit, tient son titre de la scène d'apparition d'Harcamone au cours de laquelle la métamorphose de chaînes en roses permet à Genet d'en couper une, geste qui préfigure la décapitation de l'assassin. Toujours est-il que le titre se réfère aussi à un autre miracle où la rose tient un rôle important. La première apparition d'Harcamone, celle dont nous avons déjà parlé à propos de la déification du condamné à mort, se déroule au début de l'oeuvre. Mais vers la fin du livre, Genet nous conte aussi plusieurs autres scènes miraculeuses qui ont lieu lorsqu'il tente de revivre les dernières heures d'Harcamone avec lui. Durant les quatre jours qui précèdent l'exécution, Genet, par des efforts qu'il taxe d'exercices spirituels, s'introduit dans la cellule du condamné à mort et assiste à des actes miraculeux.

> Peut-on appeler rêverie ce mouvement qui me permit de vivre en Harcamone, vivre en Harcamone comme on dit vivre en Espagne?
> ...J'aurais voulu le sauver, mais prisonnier moi-même à la quatrième puissance, mon corps lié, affaibli par la faim, je ne pouvais offrir d'autres secours que ceux qu'offre l'esprit. Peut-être est-il là plus de ressources que dans l'audace physique. Et une autre fois encore, je fus repris par l'idée qu'une évasion simple, grâce à l'emploi méthodique du merveilleux, était possible. J'interrogeai mon esprit et l'exercice auquel je me livrai n'était pas une rêverie. (*OC* ii.450-51)

Le premier soir, Harcamone, en dépit de ses chaînes, parvient à se traîner silencieusement jusqu'à la fenêtre, où Genet le voit prêt à disparaître à travers les barreaux, aspiré par le ciel. Au cours de la deuxième nuit, il se colle à la fenêtre et de sa braguette ouverte s'échappent des colombes. La troisième nuit il parvient à traverser la porte de la cellule, passe près du gardien endormi, monte les escaliers et s'écroule, épuisé par l'effort; là, il dort jusqu'au matin puis regagne sa cellule sans réveiller le gardien. Le quatrième soir, il traverse encore une fois la porte, parcourt les couloirs, et s'affaisse de nouveau épuisé devant une porte derrière laquelle Genet nous dit que se trouvent trois assassins prêts à partir pour la Guyane. Mais ce ne sont là que des exercices préliminaires. Dès la deuxième nuit, Genet nous avertit que "ce n'était pas là le miracle attendu" (*OC* ii.454). Le miracle final, le point culminant des exercices spirituels a lieu le soir de l'exécution, lorsque Genet, épuisé par la marche de la salle de punition où il s'est fait punir exprès pour pouvoir rencontrer Divers qui y remplit la fonction de prévôt, épuisé aussi par ses efforts pour communiquer avec Harcamone, retourne dans sa cellule. Divers, qui a réussi à changer de place avec le camarade de cellule de Genet, l'y attend et lui fait l'amour, consummant ainsi un désir né quinze ans plus tôt, lorsqu'ils étaient tous deux colons à Mettray. Or, nous savons que Divers, ayant dénoncé Harcamone à la police, est en partie responsable de sa mort. C'est donc sous le signe de la trahison—faisant l'amour avec Divers, Genet, implicitement, trahit son Dieu Harcamone—que Genet a la vision suivante. Harcamone dort couché sur le dos lorsque s'introduisent quatre personnages vêtus de noir. Réminiscences de Swift ou de Rabelais (Gargantua naquit de la veine cave et l'oreille senestre, selon Rabelais), ces personnages deviennent de la taille d'une punaise et s'introduisent dans le corps d'Harcamone, l'aumônier et le bourreau par la bouche, le juge et l'avocat par l'oreille: c'est l'envers des naissances miraculeuses (Athéna naquit tout armée du cerveau de son père; le Christ fut enfanté dans le sein gauche de la Vierge Marie, etc.), car ils cherchent le coeur d'Harcamone pour le tuer. Le chemin de l'oreille est fait de ruelles tortueuses, toutes pareilles, et converge avec celui de la bouche, chemin en pente bordé d'une allée d'arbres: l'un évoque Toulon, port marin, et donc lieu de transactions douteuses dans l'univers de Genet, l'autre la campagne, l'enfance (dévalant la pente, l'aumônier et le bourreau deviennent "comme deux écoliers égarés" [*OC* II.462]). Tous les personnages se retrouvent dans un carrefour et suivent un corridor lumineux bordé de glaces jusqu'à ce qu'ils trouvent une porte ornée d'un coeur traversé par une flèche. Croyant avoir découvert le coeur, ils poussent la porte, et se trouvent en face d'un jeune tambour (Divers à Mettray avait été tambour). A peine se rendent-ils compte qu'ils ne sont pas "au coeur du coeur", qu'une porte s'ouvre d'elle-même et ils se trouvent devant "le mystère de la chambre cachée": une rose rouge, "monstrueuse de taille et de beauté".

    — La Rose Mystique, murmura l'aumônier.
    Les quatre hommes furent atterrés par la splendeur. Les rayons de la rose les éblouirent d'abord, mais ils se ressaisirent vite car de telles gens ne se laissent jamais aller aux marques de respect... Revenus de leur émoi, ils se précipitèrent, écartant et froissant, avec les mains ivres, les pétales, comme un satyre sevré d'amour écarte les jupons d'une fille.

L'ivresse de la profanation les tenait. Ils arrivèrent les tempes battan-
tes, la sueur au front, au coeur de la rose: c'était une sorte de puits
ténébreux. Tout au bord de ce puits noir et profond comme un oeil,
ils se penchèrent et l'on ne sait quel vertige les prit. Ils firent tous les
quatre les gestes de gens qui perdent l'équilibre, et ils tombèrent dans
ce regard profond. (*OC* ii.464)

La signification de la Rose Mystique est ainsi expliquée dans les
ouvrages théologiques consacrés à Marie: de même que la rose est
la reine des fleurs, Marie est la reine des fleurs spirituelles[24]. Aussi
Marie, mère de Jésus, est considérée comme la plus grande mystique, et dans la litanie de Loreto, on lui donne le nom de "Rose Mystique". Au coeur d'Harcamone, se trouve donc la Vierge Marie. Mais
le coeur de la rose est décrit comme un oeil. Or l'oeil a une signification
spéciale chez Genet: c'est pour avoir crevé l'oeil d'un enfant que Genet
a été envoyé à Mettray ("...ma cruauté de seize ans voulut que je
crevasse l'oeil gauche à un enfant qui, effrayé par mon regard impitoyable, comprenant que son oeil m'attirait, voulut se sauver en y
portant son poing. Mais ma poigne était plus forte, j'arrachai son poing
et crevai son oeil avec un canif" [*OC* ii.405]). L'oeil, c'est aussi et
surtout, "l'oeil de Gabès", appelé aussi "oeil de bronze", qui remplace
l'organe de la femme dans l'homosexualité masculine.

Les joyeux appellent encore "oeil de bronze" ce que l'on nomme aussi
"la pastille", "la rondelle", "l'oignon", le "derch", "le derjeau", "la lune",
"son panier à crottes".
  ...En pénétrant dans l'église:
  "Il y fait noir comme dans le trou du cul d'un nègre". Il y faisait aussi
noir et j'y pénétrai avec la même lente solennité. Au fond scintillait
l'iris tabac de l'oeil de Gabès... (*OC* iii.16-17)

Au coeur d'Harcamone se trouve la Vierge, et au coeur de la Vierge
le faux lieu de conception de l'homosexuel, l'envers de l'Immaculée
Conception, la non-conception impure, le trou mortel dont la découverte coïncide avec la mort d'Harcamone.

---

[24] Le nom de Notre-Dame-des-Fleurs est, lui aussi, rapproché à une fleur, dans le
passage où Genet décrit les effets de sa renommée et les méprises auxquelles son nom
donne lieu: "Dans un hameau, le nom de la fleur que l'on appelle 'reine-des-prés'
fit demander par une petite fille, qui songeait à Notre-Dame-des-Fleurs: —Dis,
maman, c'est une miraculée?" (*OC* ii.175-76). Signalons la fréquence des mots "mira-
culé", "Imma*culé*", qui tout en connotant ce qu'il y a de plus sublime (la pureté, le
miracle), portent en eux trois lettres qui fonctionnent comme des souillures au coeur
même du mot.

Nous pouvons maintenant expliquer l'alliance entre l'homosexualité et la Vierge. A la base de cette relation, il faudrait souligner
l'identification maternelle qui domine chez les personnages genétiens.
Si la mère de Genet a rejetté le fruit d'une conception impure en aban-
donnant son fils, le fils fera de même: bien plus, il refusera toute conception, pure ou impure, vouera un culte à la Vierge et se fera homosexuel. Nous avons parlé, à propos d'Harcamone, de figure paternelle; mais Harcamone est aussi d'une passivité qui dément l'idéal
de virilité du criminel. Genet nous le décrit avec des signes qui évoquent le Christ dans la scène du miracle, mais la figure sur laquelle
l'apparition est basée est celle de la Vierge, car Harcamone est une
transposition de la figure de Notre-Dame de Lourdes, décrite par "la
miraculée" Bernadette Soubirou avec un rosier aux pieds et un rosaire
pendant des mains. Or ici le chapelet, le rosaire, devient, comme dans
un rêve, une guirlande de roses; c'est-à-dire, qu'il réalise concrète-
ment, visuellement, son sens originel: rosaire vient de *rosarium*, qui
signifie "guirlande de roses". Les roses-thé du jardin de Mettray ont
pris la place des roses jaunes aux pieds de l'Immaculée Conception.
L'idéal de l'homosexuel genétien est donc en partie un idéal féminin,
car Harcamone est une figure composite qui incarne à la fois les traits
de Dieu le père et ceux de La Sainte Vierge, figure maternelle par
excellence. Aussi la guirlande de roses aux poignets d'Harcamone
symbolise-t-elle tous les criminels, toute la hiérarchie criminelle de
Mettray, où les mâles n'en finissent pas d'être "femmes" les uns pour
les autres.

4. L'expérience du vide et le mystère de l'Incarnation

> Le miracle eut lieu: il n'y eut pas de miracle. (*OC* ii.103)

Il fut un temps où Genet ressemblait presque à ces saints philosophes qui "n'(ont) d'autre occupation que de mourir et d'être morts". Nouveau Lazarillo errant, il parcourait alors l'Espagne — "cette contrée en moi nommée l'Espagne" — pratiquant le vol et la mendicité (*JV* 286). L'Espagne, terre de sainte Thérèse et de saint Jean de la Croix. Mais l'ascétisme qu'y pratiquait Genet était l'effet des rigueurs de l'abjection:

> 1932. L'Espagne était alors couverte de vermines, ses mendiants. Ils allaient de village en village, en Andalousie parce qu'elle est chaude, en Catalogne parce qu'elle est riche, mais tout le pays nous était favorable. Je fus donc un pou, avec la conscience de l'être. (*JV* 18)

Son compagnon d'infortune se nommait alors — nous aurions presque pu le deviner, puisque toutes ses victimes sont des figures du Christ — Salvador, le sauveur, le Christ. Il est pouilleux plus que tout autre: "Son visage était pauvre et malheureux, sournois, pâle et crasseux car nous n'osions nous débarbouiller tant il faisait froid" (*JV* 19). Mais séduit par Stilitano, Genet abandonne Salvador qu'il retrouve alors qu'à son tour abandonné, il parcourt l'Andalousie, terre aride et déserte où l'ascétisme de Genet trouve son expression poétique: "L'Andalousie était belle, chaude et stérile. Je l'ai toute parcourue... Je ne sais plus ce que je pensais mais je me souviens qu'à Dieu j'offris toutes mes misères. Dans ma solitude, loin des hommes, j'étais bien

prêt d'être tout amour, toute dévotion" (*JV* 78). A cette époque de
sa vie, Genet atteint un nouveau stade d'abjection: comme les chiens,
il puise sa nourriture dans les déchets des autres. Muni d'une boîte
de fer-blanc, il quête des restes de soupe chez les soldats anglais de
Gibraltar. Ramassée dans une poubelle, cette boîte de conserve dont
les aspérités ont été soigneusement écrasées au moyen d'un galet est
signe du plus grand dépouillement[1]. Mais le renoncement de Genet
est plus apparent que réel: l'orgueil domine toujours l'acte le plus hum-
ble: "Ainsi l'Espagne et ma vie de mendiant m'auront fait connaître
les fastes de l'abjection, car il fallait beaucoup d'orgueil (c'est-à-dire
d'amour) pour embellir ces personnages crasseux et méprisés" (*JV*
19). Suivant son goût pour la fusion des contraires, Genet identifie
l'amour et le renoncement à l'orgueil, le mépris et la persécution à
la vénération.

Seul en Espagne survit la forme de dévotion appelée l'adoration
perpétuelle: chez les religieuses de Luco, le Saint-Sacrement, exposé
nuit et jour aux yeux des fidèles, est l'objet d'une constante dévotion.
Le Saint-Sacrement, c'est-à-dire, l'Eucharistie: vingt-quatre heures
par jour le corps, le sang, l'âme et la divinité de Jésus-Christ sont
l'objet d'une vénération ininterrompue. Genet va utiliser l'adoration
la plus parfaite comme signe de son contraire. A Barcelone, Genet
est arrêté, fouillé; la police espagnole découvre sur lui un tube de vaseline, objet immonde révélateur des pratiques homosexuelles de son
propriétaire et qui donne lieu aux railleries les plus blessantes: "J'étais
en prison. Je savais que toute la nuit mon tube de vaseline serait exposé
au mépris—l'inverse d'une Adoration perpétuelle—d'un groupe de
policiers beaux, forts, et solides" (*JV* 22). Voilà l'objet immonde
devenu fétiche, calice, objet de dévotion. Or, voulant décrire cet objet,
c'est l'image d'une vieille clocharde rencontrée la nuit sous un réver-
bère qui lui vient à l'esprit. La vieille l'aborde et lui demande de l'argent. C'est une voleuse qui sort de prison, pense-t-il, se méfiant de
sa voix doucereuse. Et voilà que lui vient l'idée que ce visage est celui
de sa mère:

---

[1] Il est des peuples où la mendicité n'est nullement signe d'abjection. En Inde, la
tasse du sage est la marque de son renoncement. C'est le signe de celui qui, méprisant les richesses et le commerce des hommes, s'est retiré du monde sensible: "One
who is able to withdraw his senses from sense objects, as the turtle draws his limbs
within the shell, is to be understood as truly situated in knowledge" (*Bhagavadgita
as It Is* [London: Collier Macmillan, 1972], p. 144).

— C'est une voleuse, me dis-je. En m'éloignant d'elle une sorte de rêverie aiguë, vivant à l'intérieur de moi et non au bord de mon esprit,
m'entraîna à penser que c'était peut-être ma mère que je venais de rencontrer. Je ne sais rien d'elle qui m'abandonna au berceau, mais j'es-
pérai que c'était cette vieille voleuse qui mendiait la nuit. — Si c'était
elle? me dis-je en m'éloignant de la vieille. Ah! Si c'était elle, j'irais la
couvrir de fleurs, de glaïeuls et de roses, et de baisers! J'irais pleurer
de tendresse sur les yeux de ce poisson-lune, sur cette face ronde et
sotte! Et pourquoi pleurer? Il fallut peu de temps à mon esprit pour
qu'il remplaçât ces marques habituelles de la tendresse par n'importe
quel geste et même par les plus décriés, par les plus vils, que je char-
geais de signifier autant que les baisers, ou les larmes, ou les fleurs.
— Je me contenterais de baver sur elle, pensais-je, débordant d'amour.
(Le mot glaïeul prononcé plus haut appela-t-il le mot glaviaux?) De
baver sur ses cheveux ou de vomir dans ses mains. Mais je l'adorerais
cette voleuse qui est ma mère. (*JV* 21-22)

L'adoration de la mère se traduit d'abord par les fleurs et les baisers,
puis par la bave et le vomissement. La ligne ténue qui sépare le crachat de la fleur, l'amour de la haine est vite estompée, et nous avons
de nouveau la confusion des contraires. Le même geste d'équivalence
se retrouve lors de la description du supplice de Bulkaen dans *Miracle
de la rose* où Genet assume l'identité de la victime: "Comme d'autres
prirent sur eux le péché des hommes, je vais prendre sur moi ce surcroît d'horreur dont fut chargé Bulkaen... JE PRENDS LA PEINE A MON
COMPTE ET JE PARLE" (*OC* II.447). Tout le passage est raconté à la première personne et nous assistons non seulement à la métamorphose
des crachats en fleurs, mais à la fusion de deux personnalités distinctes: Genet devient Bulkaen.

Il eut suffi d'un rien pourtant pour que ce jeu atroce se transforma en
un jeu galant et qu'au lieu de crachats, je fus couvert de roses jetées.
Car les gestes étant les mêmes, le destin n'eut pas eu grand mal pour
tout changer... (*OC* II.448)

Pris au jeu, Genet a vite fait d'opérer la métamorphose, de sorte qu'à
la fin de cette description Bulkaen n'est plus "la femme adultère que
l'on lapide", mais "l'objet d'un rite amoureux" (*OC* II.449). La métamorphose de l'objet vil en objet de culte s'opère grâce à toute une esthétique du geste, de l'apparence, qu'un certain type d'expérience dont
nous reparlerons, "l'expérience du vide", rend possible. "De la beauté
de son expression dépend la beauté de l'acte moral", écrit Genet (*JV*

23). La valeur d'un acte est inséparable de sa forme, de son apparence, bien plus, elle est déterminée par elle. Il existe de nombreuses variantes de cet axiome. Ainsi lisons-nous, dans *L'Enfant criminel*: "Je ne connais d'autre critère de la beauté d'un acte, d'un objet ou d'un être que le chant qu'il suscite en moi, que je traduis par des mots afin de vous le communiquer: c'est le lyrisme. Si mon chant était beau, s'il vous a troublé, oserez-vous dire qu'il était vil?" (*OC* v.387). Ici, c'est l'affect suscité qui détermine la valeur de l'acte. Dans l'oeuvre de Genet nous trouvons d'innombrables exemples où la posture des personnages détermine la signification qui leur est accordée. Lancer des fleurs ou lancer des glaviots, c'est la même chose, puisque le geste est pareil. Le passage de la comparaison à l'identité se fait aux dépens de l'intention qui gouverne les actes. La valeur intentionnelle du geste est suspendue en faveur d'une identité purement formelle et l'émotion qui accompagne le geste est ignorée. Et pourtant, c'est parfois inversement l'émotion qui gouverne l'apparence externe, c'est elle qui est alors privilégiée. La rencontre avec Stilitano nous fournit un exemple de ce deuxième processus. C'est tout juste si l'amour qu'il éprouve ne transforme Genet en colombe:

> Une curieuse bête apparaîtrait si chacune de mes émotions devenait l'animal qu'elle suscite: la colère gronde sous mon col de cobra, le même cobra gonfle ce que je n'ose nommer, ma cavalerie, mes carrousels naissent de mon insolence... D'une tourterelle je ne conservai qu'un enrouement que remarqua Stilitano. Je toussai. (*JV* 38)

"Ce n'est pas la seule rhétorique qui exige la comparaison" avertit Genet (*JV* 37). Nous trouvons donc deux types de métamorphoses: dans le premier type, le geste est désintentionalisé, et à l'intention initiale se substitue une autre intention, parfois même l'opposé de celle qui a accompagné l'acte, tandis que dans le deuxième type le geste est si bien accordé à l'intention qu'il devient geste idéal, incarnation emblématique de tous les gestes semblables.

Nous touchons, avec le problème des métamorphoses genétiennes, à la question du sens ou de l'absence de sens. Qu'y a-t-il derrière les innombrables transformations que Genet fait subir au monde? Il semblerait que Genet postule à la fois l'existence d'un univers défini à partir du néant, un univers de purs signifiants où l'apparence ne recèle aucune signification cachée, où les gestes sont envisagés dans leur pure plasticité, et un univers quasi platonicien où la forme visible est une espèce d'incarnation d'une forme essentielle, éternelle. Sartre a parlé, à propos de l'imagination de Genet, d'idéalisme et de platonisme. Le monde que décrit Genet est un monde d'essences: "L'imagination de Genet est essentialiste comme sa pédérastie. Dans la vie réelle, il cherche le Matelot dans chaque marin, l'Eternel en chaque Mac; dans son rêve, il s'emploie à justifier sa quête: il engendre chacun de ses personnages à partir d'une essence supérieure; il réduit l'anecdote à n'être plus que l'illustration manifeste d'une vérité éternelle" (*SG* 521-22). Et donc, le monde que nous présente Genet est à la fois dénué et surchargé de signification. Nous nous proposons d'analyser ces deux aspects de Genet. D'abord, nous analyserons l'absence de signification qui découle d'une vision déterminée par ce que nous nommerons "l'expérience du vide", puis nous analyserons le côté "essentialiste" de Genet qui donne lieu à toute une problématique que nous désignerons du terme d'Incarnation.

1. *L'expérience du vide*

L'expérience du vide apparaît d'abord dans l'oeuvre romanesque de Genet. Elle forme d'ailleurs le centre — littéralement — puisqu'elle se trouve à la page cent d'un roman de deux cents pages: *Notre-Dame-des-Fleurs*. Rappelons que Divine est le personnage central de ce roman que le narrateur, incarcéré, invente au fur et à mesure que progresse la narration pour satisfaire ses désirs homosexuels. L'expérience surgit lorsque Divine, se sentant vieillir, est abandonnée par son amant Mignon-les-Petits-Pieds. Elle a donc recours au rêve pour se satisfaire. Viennent les réminiscences enfantines du temps où Divine se nommait Lou Culafroy, du temps de ses amours avec Alberto, pêcheur de serpents du village. L'expérience est décrite en contrepoint, fragmentée en sorte, car il y a, à vrai dire, trois expériences: deux d'entre elles attribuées au narrateur (l'une ayant eu lieu au cours de son enfance, l'autre à un moment proche de la narration), la troisième attribuée à Divine, lors de son enfance. Signalons la complexité de la temporalité narrative où nous repérons, en gros, cinq moments: tout d'abord un présent, celui de la narration, où l'auteur, incarcéré, crée Divine et rêve son histoire; puis nous avons les diverses rétrospections de l'auteur, celle, plus proche, où il fut le compagnon de cellule de l'assassin noir Clément Village, et au cours de laquelle l'expérience des soldats de plomb eut lieu; celle, plus lointaine, puisqu'elle eut lieu dans l'enfance du narrateur, où l'expérience avec le buste de Marie Antoinette se déroule; enfin, nous avons les divers temps de l'histoire de Divine, le temps où Divine atteignit la trentaine et fut abandonnée par Mignon et, en dernier lieu, l'enfance de Divine au cours de laquelle se passa l'expérience du ciboire.

Les deux expériences enfantines, celle de Marie Antoinette et celle du ciboire, dénommées ainsi d'après les objets qui entraînent la révélation du vide, sont mises sur le même plan, bien que l'une d'elles soit censée être imaginaire et l'autre réelle: l'enfance rêvée du personnage fictif a même valeur démonstrative que l'enfance supposée "réelle" du narrateur. Ainsi, fiction et réalité s'entremêlent: une équivalence se manifeste dans l'absence de partage entre les différents plans narratifs. A ces deux expériences s'ajoute une troisième, celle des petits soldats de plomb, en apparence chronologiquement postérieure aux deux autres mais qui, semblable à la petite madeleine de Proust, les introduit et leur sert de fil conducteur.

A Divine éplorée, dont les efforts comiques pour suppléer aux charmes perdus (Instituts de beauté, perruque mal collée au front, crème, poudre) ne parviennent pas à retenir l'amant, le narrateur offre Serge Gorgui, beau nègre né du souvenir d'un autre noir qui partagea la cellule du narrateur, Clément Village. Suit une digression sur Clément Village, qui passait tout son temps à peindre des petits soldats de plomb. Un jour, l'un d'eux se casse: le narrateur découvre qu'ils sont vides. Voici ce qu'il en dit:

> Creux! Le pied d'un soldat de plomb s'étant cassé, le moignon montra un trou. Cette certitude de leur vide intérieur me désola. A la maison, il y avait un buste en plâtre de la reine Marie Antoinette. Pendant cinq ou six ans, je vécus tout près sans l'apercevoir, jusqu'au jour où, son chignon s'étant miraculeusement cassé, je vis que le buste était creux. Il avait fallu que je saute dans le vide pour le voir. Que m'importent donc ces histoires de nègres assassins quand de tels mystères, le mystère du rien et du non, me font leurs signaux et se révèlent, comme au village ils se révélèrent à Lou-Divine. (*OC* II.99)

Dans un va-et-vient presque imperceptible, le narrateur (Genet) passe d'un passé proche (l'expérience des soldats de plomb) à une rétrospection enfantine (le buste de Marie Antoinette), et termine avec un passé fictif (l'enfance de Culafroy), attribué à son personnage.

L'expérience du vide attribuée à Lou-Divine est décrite avec plus d'ampleur que les deux autres; c'est elle qui détruit les croyances les plus sacrées de l'enfant. Elle met en question le sacrement de l'eucharistie et, plus spécifiquement, la doctrine catholique de la transsubstantiation, selon laquelle toute la substance du pain et du vin se change en substance du corps et du sang de Jésus-Christ. C'est ce mystère que le petit Culafroy, sensible aux rites religieux dont le faste le trouble, décide d'examiner. C'est après avoir mentionné les charmes du *Veni Creator* sur l'enfant que l'expérience est narrée[2]. L'hymne est mentionné deux fois: "Il est important d'en parler, souligne le narrateur, car il est celui qui ravit au plus haut des cieux l'enfant Culafroy" (*OC* ii.100). Nous sommes d'autant plus sensibles à l'ironie de cette phrase que l'épisode qui suit a précisément pour but d'illustrer le fait que Dieu ne se manifeste pas. Son apparition, sa venue, ne sont que promesses mensongères. Nourri de miracles religieux, l'enfant, qui croit que le sang doit couler de l'hostie s'il en prend une, se glisse dans l'autel, ouvre le ciboire et laisse tomber trois hosties par terre: "il s'attendait à voir les statues de plâtre dégringoler de leur niche et le terrasser... Il attendait la damnation avec la résignation du condamné à mort" (*OC* ii.102-03). Or, voilà que rien ne se passe. Le miracle, c'est précisément cela: rien ne s'est passé; et de l'indifférence des choses sacrées au geste sacrilège, l'enfant conclut à l'absence de Dieu.

> Le miracle eut lieu. Il n'y eut pas de miracle. Dieu s'était dégonflé. Dieu était creux. Seulement un trou avec n'importe quoi autour. Une jolie forme, comme la tête en plâtre de Marie Antoinette, comme les petits soldats, qui étaient des trous avec un peu de plomb mince autour. (*OC* ii.103)

Dieu est creux comme le son creux que fait le ciboire lorsqu'il tombe par terre. Bien plus, les hommes sont, eux aussi, creux: "Je vivais, écrit le narrateur, au milieu d'une infinité de trous en forme d'hommes" (*OC* ii.103). L'expérience de Divine sert de preuve au narrateur, s'ajoute aux deux autres expériences (du buste de Marie Antoinette et des soldats de plomb) pour renforcer cette révélation. Par association, le Dieu creux renvoie aux soldats de plomb creux qui entourent Clément Village comme les habitants lilliputiens entouraient Gulliver. Immédiatement après la description du "miracle" de Divine

[2] Un élément parodique se manifeste ici, si nous considérons que ce fut en chantant le *Veni Creator* que sainte Thérèse eut sa première vision. L'événement est ainsi décrit dans sa *Vie*: "Habiendo estado un día mucho en oración y suplicando a el Señor le ayudase a contentarle en todo, comencé el hino (de *Veni Creator*) y, estándole diciendo, vínome un arrebatamiento tan súpito, que casi me sacó de mí, cosa que yo no pude dudar, porque fué muy conocido. Fué la primera vez que el Señor me hizo esta merced de arrobamientos." (Santa Teresa de Jesús, *La Vida, Obras* [Barcelona: Editorial Vergara, 1961], p. 356). A Divine-Culafroy, sainte déchue qui ne parviendra jamais à obtenir l'union divine, le *Veni Creator* n'apporte pas la plénitude de la vision de Dieu, mais l'expérience du vide.

le narrateur relate le meurtre de Sonia par son amant Clément Village. La description du crime est, elle aussi, décrite en termes d'absence et de vide. Clément, d'ailleurs se fait "général, prêtre, sacrificateur, officiant", fonctions qui échappent à la banalité du monde quotidien. Il entre dans une région surhumaine "où il était dieu, créant d'un coup un univers singulier où ses actes échappaient au control moral" (*OC* II.105). Il est dieu, car c'est lui maintenant qui doit créer ses propres valeurs: ainsi le meurtre, en niant le monde et ses valeurs ouvre sur un monde vide: "comme quelqu'un qui surmonte son horreur de l'eau et du vide où il va entrer pour la première fois, il respira profondément et, résolu à la plus grande froideur, il se fit insensible et absent... Comme d'un manteau, il se débarrassa de son âme chrétienne" (*OC* II.105)

L'univers de Genet est un univers où Dieu est absent. Sa seule existence lui est conférée par la beauté des gestes et des rites, ornements qui masquent le vide: "Face aux fidèles, l'autel est bien arrangé; face à Dieu, c'est un désordre de bois dans la poussière et les toiles d'araignées" (*OC* II.100). Face aux fidèles, les ornements, la parade; face à Dieu, la sâleté, et les trous de la toile, les sécrétions, dentelles trouées, qui sont aussi des trappes, de l'araignée. Derrière l'apparence, il n'y a donc que le vide et le rien d'un trou. Sartre, lui, ne cesse de répéter, contre la philosophie essentialiste, que l'apparence, c'est l'être. Derrière le phénomène il n'y a pas de réalité profonde, cachée, qui constituerait sa vérité: "l'être d'un existant, c'est précisément ce qu'il paraît... Il n'indique pas par-dessus son épaule, un être véritable qui serait, lui, absolu. Ce qu'il est, il l'est absolument, car il se dévoile comme il est"[3]. La révélation du vide, de la "transparence" de l'homme est précisément ce qui désole Genet. S'il finit par s'en accommoder, c'est à la façon démontrée par Sartre: c'est en créant ses propres hiérarchies, ses propres valeurs, à l'inverse des valeurs établies. Mais Genet diffère de Sartre car si, chez ce dernier, l'homme se crée par ses actes, l'homme chez Genet parvient rarement à l'acte: tout au plus fait-il des gestes qui ne sont que reflets de gestes déjà vus et dont la plus grande valeur est esthétique. Gestes, mimiques sont autant d'ornements, de parures de l'être qui nous cache son vide. Voici Culafroy dans l'église:

Il s'arrêta sous le lustre et s'agenouilla sur un prie-Dieu de tapisserie. Ses génuflexions et ses gestes se firent la copie fidèle de ceux qu'exécutait la soeur d'Alberto sur ce prie-Dieu chaque dimanche. Il se parait

---

[3] Jean-Paul Sartre, *L'Etre et le néant*, p. 12.

de leur beauté... Me hausser sur la pointe du pied droit et lever le bras droit pour prendre au mur ma petite glace ou saisir sur l'étagère ma gamelle, est un geste qui me transforme en princesse de T..., à qui je vis un jour faire ce mouvement pour remettre à sa place un dessin qu'elle m'avait montré. Les prêtres qui recommencent les gestes symboliques se sentent pénétrés de la vertu, non du symbole, mais du premier exécutant... (*OC* II.101)

De nouveau, l'apparence seule détient la vérité: copies de copies, les gestes se miroitent à l'infini sans aucune signification.

L'expérience du vide apparaît de façon encore plus systématique dans l'oeuvre esthétique de Genet. Genet situe d'ailleurs cette expérience à un moment déterminé de son histoire personnelle qu'il nous décrit dans deux textes: *Ce qui est resté d'un Rembrandt...* et *L'Atelier d'Alberto Giacometti*. Le fait que Genet ait placé, au centre d'un écrit esthétique — *L'Atelier d'Alberto Giacometti* — une description de la révélation de l'expérience du vide, ou encore, le fait qu'il ait centré toute une étude sur Rembrandt sur cette expérience, indique jusqu'à quel point sa vision philosophique colore la dimension esthétique de son oeuvre. Comme nous le verrons par la suite, ses théories esthétiques sont le résultat de la transposition, de la traduction concrète d'une vision philosophique dont nous nous proposons d'abord de dégager les éléments principaux.

La révélation du vide de l'existence se serait manifestée au cours d'un voyage en train, "dans un wagon de troisième classe, entre Salon et Saint-Rambert-d'Albon" (*OC* IV.27). Bien que les coordonnées temporelles soient moins précises que les coordonnées géographiques, certaines indications données dans *Ce qui est resté d'un Rembrandt...* et dans *L'Atelier d'Alberto Giacometti* permettent de situer l'épisode environ quatre ans avant que ces deux textes ne fussent écrits[4]. L'épisode constituerait une espèce d'illumination qui aurait permis à Genet de comprendre Rembrandt et Giacometti. Voici l'épisode tel qu'il est narré dans *L'Atelier*:

Il y a quatre ans environ, j'étais dans le train. En face de moi, dans le compartiment un épouvantable petit vieux était assis. Sale, et, manifestement, méchant, certaines de ses réflexions me le prouvèrent. Refusant de poursuivre avec lui une conversation sans bonheur, je voulus

---

[4] Au sujet des écrits esthétiques, précisons que les deux textes sur Rembrandt: *Ce qui est resté d'un Rembrandt découpé en petits carrés bien réguliers et jeté aux chiottes* (*OC* IV) et *Le Secret de Rembrandt* (*OC* V) sont tous deux extraits d'une étude qui n'a jamais été entièrement publiée. Ces deux textes sont contemporains du *Funambule* (*OC* V), publié en 1958. *L'Atelier d'Alberto Giacometti* fut publié un an auparavant.

lire, mais, malgré moi, je regardais ce petit vieux: il était très laid. Son regard croisa, comme on dit, le mien, et, ce fut bref ou appuyé, je ne sais plus, mais je connus soudain le douloureux — oui, douloureux sentiment que n'importe quel homme en "valait" exactement — qu'on m'excuse, mais c'est sur "exactement" que je veux mettre l'accent — n'importe quel autre. "N'importe qui, me dis-je, peut être aimé par-delà sa laideur, sa sottise, sa méchanceté".

C'est un regard, appuyé ou rapide, qui s'était pris dans le mien et qui m'en rendait compte. Et ce qui fait qu'un homme pouvait être aimé par-delà sa laideur ou sa méchanceté permettait précisément d'aimer celles-ci. Ne nous méprenons pas: il ne s'agit pas d'une bonté venant de moi, mais d'une reconnaissance. Le regard de Giacometti a vu cela depuis longtemps, et il nous le restitue. Je dis ce que j'éprouve: cette parenté manifestée par ses figures me semblent être ce point précieux où l'être humain serait ramené à ce qu'il a de plus irréductible: sa solitude d'être exactement équivalent à tout autre. (*OC* v.50-51)

Repris avec plus d'ampleur dans le texte sur Rembrandt, l'épisode acquiert une certaine complexité. La dépersonnalisation est telle que nous ne savons avec certitude si l'étranger n'est Genet lui-même croisant son propre regard dans la glace: "Son regard n'était pas d'un autre: c'était le mien que je rencontrais dans une glace par inadvertance et dans la solitude et l'oubli de moi" (*OC* iv.22). Il s'agit sans doute d'un effet stylistique car l'étranger "avait dépassé la cinquantaine" tandis que Genet, à l'époque où fut écrit ce passage, ne l'avait pas encore atteinte. La vision provoquée par l'expérience du vide entraîne la mise en question de toutes ses anciennes connaissances. Désormais, Genet ne peut plus voir le monde comme autrefois: "Rien n'était sûr. Le monde soudain flottait" (*OC* iv.27). "Qu'est-ce donc qui s'était écoulé de mon corps?" se demande Genet (*OC* iv.23). La forme que prend l'interrogation: "*qu'est-ce qui*" présuppose déjà une existence concrète. Or, c'est du terme de "vide solide" que Genet caractérise l'homme: l'homme est une espèce de solidification, de fixation, de cristallisation temporaire d'un vide indifférencié (*OC* iv.29). L'expérience entraîne une sensation d'écoulement, de dépersonnalisation où la notion même d'individualité est abolie en faveur d'une identité impersonnelle, éternelle, universelle. Ainsi la rencontre de Genet avec l'Absolu — le terme est pris au sens philosophique — n'est-elle pas vécue comme plénitude, mais comme manque. L'universel est un vide mouvant qui circule d'être à être. Point de rencontre de l'individuel et du collectif, ce vide est semblable au Nirvana bouddhique, à ceci près que l'âme ne se perd pas dans le grand Tout, mais retient sa solitude tout en se sachant partie de ce tout: mouvement non pas de fusion, mais de prolifération d'entités distinctes, solitaires, bien qu'égales. Tout ce qui individualise l'homme n'est qu'écorce temporelle de laquelle on se dépouille comme d'un vêtement:

> Si chaque enveloppe, précieusement, recèle une même identité, chaque enveloppe est singulière et réussit à établir entre chacun de nous une opposition qui paraît irrémédiable, à créer une innombrable variété d'individus qui se veulent: l'un l'autre. Chaque homme n'avait peut-être de précieux et de réel que cette singularité: "ses" moustaches, "ses" yeux, "son" pied-bot, "son" bec-de-lièvre? Mais ce regard allait du voyageur inconnu à moi, et la certitude aussitôt que l'un l'autre n'étaient qu'un, à la fois moi ou lui, et moi et lui? Comment oublier cette glaire? (*OC* iv.28)

Au-delà de l'existence corporelle, Genet constate une existence universelle, en dehors du temps, une espèce d'écoulement continu, de circulation générale qui fait que "tout homme est tous les autres hommes", qu'il n'y a vraiment "qu'un seul homme" fragmenté à l'infini dans le corporel et le contingent, dans "l'accident et la forme", et rendu étranger à lui-même (*OC* iv.26). L'écorce temporelle dont parle Genet correspond à ce que la religion hindoue appelle "maya", c'est-à-dire le monde des illusions que l'homme doit dépasser pour accéder à la vraie connaissance et atteindre l'Etre universel ou l'union divine des mystiques chrétiens. Genet lui-même constate cette parenté puisqu'il écrit, dans *Miracle de la rose*: "Ai-je été… sur le chemin miraculeux des secrets de l'Inde?" (*OC* ii.383)[5]. Mais tandis que chez les hindous et les bouddhistes l'état de communion avec l'être universel est considéré comme une délivrance, comme le plus haut point que l'homme puisse atteindre, chez Genet, la communion avec un Néant impersonnel que Genet qualifie de vide mouvant est vécue comme mort et n'inspire que dégoût: "J'éprouvais un profond dégoût pour ce vers quoi j'allais… Tout se désenchantait autour de moi, tout pourrissait" (*OC* iv.28). Et cette pourriture qui, nous dit-il, gangrène toute son ancienne vision du monde, ramène tout au même: "D'ici peu, me dis-je, rien ne comptera…" (*OC* iv.28).

Pour Genet, les moments où le vide de l'homme se manifeste sont les seuls tenus pour moments authentiques:

---

[5] Cette citation provient d'un passage où Genet parle de sa capacité de se détacher de son corps.

...Les seuls moments de ma vie que je pouvais tenir pour vrais, déchirant mon apparence et laissant à découvert... quoi? un *vide solide* qui ne cessait de me perpétuer? —je les aurai connus lors de quelques colères vraiment saintes, dans des trouilles également bénies, et dans le rayon—le premier—qui allait de l'oeil d'un jeune homme au mien, dans notre regard échangé. Enfin dans ce regard passant du voyageur, en moi. (*OC* iv.29)

Il résulte, de l'importance accordée par Genet à l'expérience du vide, une conséquence importante pour sa théorie de l'art: l'artiste devra s'attacher à saisir les principales caractéristiques d'une vision conditionnée par cette expérience. Ainsi, c'est l'aspect universel de Genet qui sera privilégié, ce qui le relie à son prochain, bien plus, ce en quoi il est identique à lui.

Dans *Le Funambule* Genet conseille à l'artiste de se défaire des particularités individuelles. Dans ce texte et dans bien d'autres, c'est du terme de "mort" que Genet qualifie cette indifférence que l'artiste doit atteindre. L'universalité de l'homme que l'artiste doit révéler est vécue comme pourriture, décomposition, mort. Le thème de la mort revient systématiquement chez Genet au point de constituer une véritable obsession. Lui-même s'est interrogé, au cours d'une des nombreuses intrusions qui ponctuent ses romans, sur la signification des divers enterrements qu'il dépeint dans ses livres:

Ecrire, c'est choisir l'un entre dix matériaux qui vous sont proposés. Je me demande pourquoi j'ai accepté de fixer par des mots tel fait plutôt qu'un autre d'égale importance. Pourquoi suis-je limité dans mon choix et me vois-je dépeindre bientôt le troisième enterrement de chacun de mes trois livres? (*OC* iii.10)

Sartre a beaucoup insisté sur le fait que Genet était déjà mort. (Le titre du premier chapitre de *Saint Genet* reprend un vers de Genet: "L'enfant mélodieux mort en moi bien avant que me tranche la hache".) Mais la mort dont parle Sartre désigne l'aspect clos, fermé, d'un être défini par les autres et incapable d'échapper à son destin. Il y a pourtant un autre sens du mot: lorsque Genet écrit que "l'oeuvre d'art est offerte à l'innombrable peuple de morts" (*OC* ii.43), lorsqu'il dit que les figures de Giacometti sont "dans la mort" (*OC* ii.44) ou quand il écrit à Roger Blin qu'il faut "crever ce qui nous sépare des morts" (*OC* iv.221), il parle d'autre chose. Ces morts qui "n'ont jamais été vivants" (*OC* v.43) auquel l'artiste doit s'adresser, se réfèrent à la mort en nous tous, au "vide mouvant" qui est la partie la plus irréductible de l'homme, au néant qui se dévoile, une fois ôtée l'enveloppe corporelle et ses divers ornements.

L'objectif de l'art sera donc de révéler le côté éternel, immuable, absolu de l'être. "Absolu" est un terme qui revient souvent sous la plume de Genet: l'objet absolu, l'événement absolu, la solitude absolue. Il désigne l'objet, l'événement ou l'être en dehors des contingences matérielles, en dehors de tout aspect utilitaire, dans l'unicité de son être solitaire, atemporel, indépendant de toute chose. A ce point, les choses tout simplement, *sont*.

> Si je regarde l'armoire afin de savoir *enfin* ce qu'elle est, j'élimine tout ce qui n'est pas elle. Et l'effort que j'accomplis fait de moi un être curieux: cet être, cet observateur, cesse d'être présent et même, d'être observateur présent: il n'arrête pas de reculer dans un passé et un avenir indéfini. Il cesse d'être là pour que demeure l'armoire, et qu'entre l'armoire et lui s'abolissent tout rapports affectifs ou utilitaires. (*OC* v.58-59)

L'événement ou l'objet dépeint par l'artiste est donc soustrait aux principes de la causalité et de la temporalité. Dans *L'Etrange Mot d'...* Genet parle de l'événement dramatique comme étant "suspendu, en dehors du temps historiquement compté" (*OC* iv.10). Dans ses *Lettres à Roger Blin*, il parle d'un événement global, sans commencement ni fin[6].

> Le temps. Je ne sais rien de précis sur le temps, mais, si je laisse tomber une paupière assez lourde sur un événement, et quel qu'il soit, il me semble que l'événement ne s'est pas écoulé, allant du moment présent vers le futur mais, au contraire, qu'à peine né l'instant qui va l'orienter, l'événement atteint son terme et reflue vers sa naissance à toute vitesse, et le tasse sur lui-même... Des événements naissent ainsi, spontanément et crèvent au même moment du même mouvement mais crèvent si vite que leur fin se retournant, les ramène un peu avant le bruit qui a marqué leur naissance. Ils ont la dureté d'un galet. (*OC* iv.230)

Pour mieux comprendre cet événement global, il est peut-être utile de se rappeler la définition de l'homme selon Sartre. L'axiome "l'existence précède l'essence" signifie que l'essence de l'homme n'est donnée qu'après sa mort, par la somme de tous les actes effectués au cours de son existence. L'essence est donc une espèce de jugement dernier,

---

[6] Une conception semblable du temps se retrouve dans *Ce qui est resté...*: "Un tableau de Rembrandt non seulement arrête le temps qui faisait le sujet s'écouler dans le futur, mais il le fait remonter aux plus hautes époques" (*OC* iv.23).

de regard global porté sur la totalité des parties constituantes. Mais "jugement" est un mauvais terme pour signifier ce qui, chez Genet, est appréhendé non pas de façon intellectuelle, mais intuitivement. L'être, l'essence de l'être chez Genet est saisie comme *révélation*.

C'est grâce à une blessure, une faille ou fêlure dans l'enveloppe corporelle, que l'homme a accès à cette mort particulière qu'est la révélation du vide du monde. Tout homme, écrit Genet, recèle une blessure secrète sur laquelle il se replie et qui, en fait, le résume tout entier. Dans les textes publiés en 1957-1958, on trouve de nombreuses références à cette blessure secrète. De Rembrandt, Genet écrit que "ses figures, toutes, connaissent l'existence d'une blessure, et elles s'y refugient" (*OC* v.33). C'est sur elle que l'artiste doit se replier pour y puiser la force nécessaire à son art, c'est elle qui lui confère la solitude dont il a besoin. Au funambule, Genet demande:

Et ta blessure, où est-elle?
Je me demande où réside, où se cache la blessure secrète où tout homme court se réfugier si l'on attente à son orgueil, quand on le blesse? Cette blessure—qui devient ainsi le fort intérieur—c'est elle qu'il va gonfler, emplir. Tout homme sait la rejoindre, au point de devenir cette blessure elle-même, une sorte de coeur secret et douloureux.

Si nous regardons, d'un oeil vite et avide, l'homme ou la femme qui passent—le chien aussi, l'oiseau, une casserole—cette vitesse même de notre regard nous révélera, d'une façon nette, quelle est cette blessure où ils vont se replier lorsqu'il y a danger...

Pour le funambule dont je parle, elle est visible dans son regard triste qui doit renvoyer aux images d'une enfance misérable, inoubliable, où il se savait abandonné.

C'est dans cette blessure—inguérissable puisqu'elle est lui-même— et dans cette solitude qu'il doit se précipiter, c'est là qu'il pourra découvrir la force, l'audace et l'adresse nécessaire à son art. (*OC* v.12-13)

Dans une note au bas de la page que nous venons de citer, Genet ajoute que "les plus émouvants sont ceux qui se replient tout entiers dans un signe de grotesque dérision: une coiffure, certaine moustache, des bagues, des chaussures... Pour un moment toute leur vie se précipite là, et le détail resplendit: soudain il s'éteint: c'est que toute la gloire qui s'y portait vient de se retirer dans cette région secrète, apportant enfin la solitude". C'est sous cet angle-là qu'il faut considérer tous les faux ornements dont ses personnages se parent: la grappe de raisins postiches que Stilitano épingle à l'emplacement du sexe,

les déguisements des tantes, les diamants de Madame, tous les "accoutrements terribles, qui ne seraient pas à leur place, sur les épaules
des vivants", les accoutrements que "les fous, les folles, les Folles, sont
capables d'inventer" qu'il recommande à Roger Blin pour les personnages des *Paravents* (*OC* IV.222). Le toc, l'ornement faux qui n'est pas
à sa place vient à signifier la plaie secrète qui constitue ce qu'il y a
de plus irréductible en l'homme. L'esthétique de Genet est donc une
esthétique de la blessure: "Il n'est pas à la beauté d'autre origine que
la blessure, singulière, différente pour chacun, cachée ou visible, que
tout homme garde en soi, qu'il préserve et où il se retire quand il
veut quitter le monde pour une solitude temporaire mais profonde"
(*OC* V.42).

Genet rapporte que Giacometti fait souvent cette réflexion: "Il faut
valoriser". Genet ajoute qu'il ne pense pas que Giacometti ait jamais
porté sur un être ou une chose un regard méprisant. Il faut donc tout
valoriser, même l'aspect le plus immonde chez l'homme auquel il faut
accorder une plus grande place du fait que c'est sa part la plus cachée.
Dans *Le Secret de Rembrandt*, Genet se demande si Rembrandt ne serait
pas un homme qui "(a) compris — à force de méditation — que tout
en ayant sa dignité, il doit s'attacher plutôt à signifier ce qui semble
en être dépourvu" (*OC* V.33). Valoriser semble signifier, pour Genet,
accorder à tout la même valeur, ou établir un système de valeurs à
l'opposé du système établi de sorte que la balance soit redressée par
un processus d'équivalence générale. Une des conséquences de l'expérience du vide est une philosophie du monde où la notion de hiérarchie est abolie: si tout est valorisé également, la notion même de
valeur perd son sens. Genet répète plusieurs fois que Rembrandt,
à l'encontre de plusieurs de ses contemporains, saisissait mal les ressemblances. Ses portraits ne renvoient à "personne d'identifiable".
Même plus: "c'est à partir du moment qu'il dépersonnalise ses modèles, qu'il enlève tout caractères identifiables aux objets, qu'il donne
aux uns et aux autres le plus de poids, la plus grande réalité" (*OC*
IV.26). Dans ce monde où tout revient au même, toute identité est
perdue, toute chose est jugée arbitraire, équivalente, interchangea-
ble. Ainsi, lorsque Genet bouleverse le sens habituel des choses, lorsque le bien devient le mal, l'homme se mue en femme et le "dur" s'avère
n'être plus qu'une "lope" déguisée, Genet ne fait qu'illustrer sa croyance
en un monde essentiellement indifférencié.

Genet repère, dans les oeuvres de Rembrandt et de Giacometti,
les éléments formels et thématiques qui lui semblent illustrer une vision

du monde conforme à celle qui se dégage de l'expérience du vide. Chez Rembrandt, Genet constate que tout ce qui a trait à l'homme est valorisé, l'abject aussi bien que le sublime: "Il a fallu que Rembrandt se reconnaisse et s'accepte comme être de chair—que dis-je de chair?—de viande, de bidoche, de sang, de larmes, de sueurs, de merde, d'intelligence et de tendresse, d'autres choses encore, à l'infini, mais aucune niant les autres—ou mieux; chacune saluant les autres" (*OC* iv.28). L'absence de hiérarchie est non seulement présente au niveau des thèmes, mais dans la technique même de l'artiste: Rembrandt doit se défaire du discontinu et présenter une vision continue où tout objet en vaut un autre:

> Cet effort l'amène à *se défaire de tout ce qui, en lui, pourrait le ramener à une vision différenciée, discontinue, hiérarchisée du monde*: une main vaut un visage, un visage un coin de table, un coin de table un bâton, un bâton une main, une main une manche... et tout cela, qui est peut-être vrai chez d'autres peintres—mais lequel, à ce point, a fait perdre à la matière son identité pour mieux l'exalter? (*OC* v.37; nous soulignons)

De même, Genet constate que Giacometti ne rehausse aucune partie du visage de l'homme: tout est continu, tout se tient. Ici, l'absence de hiérarchie est présente au niveau du dessin: "Comme il peint: il refuse d'établir une différence de 'niveau'—ou de plan—entre les différentes parties du visage... Pour lui, les yeux ne sont pas bleus, les joues roses, le sourcil noir et courbe: il y a *une ligne continue* qui est constituée par la joue, l'oeil et le sourcil" (*OC* v.58; nous soulignons). Dans cette même étude nous voyons Genet utiliser une technique qui semblerait avoir pour but de promouvoir l'indifférencié à un niveau formel. Les pages de *L'Atelier d'Alberto Giacometti* se succèdent sans aucun numéro qui nous permette de les identifier. Cette absence de pagination peut être considérée comme une tentative pour doubler le style de Rembrandt et de Giacometti en présentant, au niveau de l'écriture, une absence de hiérarchie. L'écrit constitue un tout compact: nous ne pouvons nous référer à une première ou dernière page sans fausser le texte: elles ont toutes le même statut[7].

---

[7] Peut-être la meilleure illustration de cette vision qui ramène tout au même se trouve-t-elle dans une anecdote que Genet nous raconte sur Giacometti: "Je suis assis, bien droit, immobile, rigide (que je bouge il me ramènera vite à l'ordre, au silence et au repos) sur une très inconfortable chaise de cuisine. LUI, me regardant avec un air émerveillé: "Comme vous êtes beau!"—Il donne deux ou trois coups de pinceau à la toile sans, semble-t-il, cesser de me percer du regard. Il murmure encore comme pour lui-même: "Comme vous êtes beau". Puis il ajoute cette constatation qui l'émerveille encore plus: "Comme tout le monde, hein? Ni plus, ni moins" (*OC* v.71).

De la constatation que le monde et les hommes sont vides de sens se dégagent deux formes d'actions possibles: l'une s'acharnerait à combler ce vide par un mouvement d'accumulation, soit en multipliant "L'Avoir" (une des catégories de l'Etre, selon Sartre qui écrit que l'homme se définit par ses possessions: "*Je suis* ce que *j'ai*"), soit en multipliant "le Faire", l'autre grande catégorie de l'Etre selon Sartre[8]. C'est de ce côté que nous rangeons les premiers écrits de Genet centrés sur des activités telles que le vol et l'érotisme, toutes deux réductibles aux catégories du "Faire" et de "L'Avoir". C'est également de ce côté que nous rangeons ce que Sartre a décrit comme "jugements magnifiants", enfin, tout ce qui vise à combler le sentiment du vide.

L'autre façon de confronter le monde est de constater ce vide et de le rechercher activement. C'est la solution du saint, de l'homme qui se détache du monde et des autres, sachant que tout est néant et vanité. Cette solution est à l'opposé de la précédente: tandis que l'une se caractérise par l'accumulation, l'autre se caractérise par le dépouillement: elle constate le vide et ne cherche point à le masquer. Cette deuxième optique s'accuse de plus en plus chez Genet et atteint son point culminant dans la création de Saïd, dans *Les Paravents*, personnage dont toute la vie n'est qu'une longue et pénible ascèse pour se défaire de tout. C'est cette deuxième optique qui caractérise les écrits esthétiques de Genet:

> On songe donc avec nostalgie à un univers où l'homme, au lieu d'agir aussi furieusement sur l'apparence visible, se serait employé à s'en défaire, non seulement à refuser toute action sur elle, mais à se dénuder assez pour découvrir ce lieu secret, en nous-mêmes, à partir de quoi eut été possible une aventure humaine toute différente. (*OC* v.41)

Suivant cette ligne de pensée, la littérature devient "ce musée du vide" dont parlait Macedonio Fernandez, l'inspirateur de Borges. Toutes les dentelles, tulles, dorures d'un goût criard qui ornent l'oeuvre de Genet ont précisément pour but de signifier le toc et de montrer, par là même, la fausseté du monde et le vide qu'ils recouvrent[9]. Et donc,

---

[8] *L'Etre et le néant*, p. 680.

[9] Peut-être pourrait-on ranger les écrivains modernes selon leur appartenance aux deux tendances mentionnées. D'une part nous aurions ceux qui dépeuplent, dénudent le monde (Beckett, par exemple), d'autre part ceux qui, le "meublant" excessivement, nous montrent des êtres se fatiguant inutilement pour des entreprises futiles, obsédés par des bibelots, des tentures, des taches—tel ce personnage du *Planétarium* de Nathalie Sarraute—et révélant, à travers toute cette dépense inutile, le vide de la vie. C'est dans ce sens que l'on doit comprendre la remarque de Vladimir dans *En attendant Godot*, qui disait, constatant le vide de l'existence: "Il faut meubler le

ce que Genet estime par dessus tout, dans l'art de Giacometti et de Rembrandt, c'est qu'ils aient su nous montrer l'homme dépouillé des ornements, parures et faux-semblants qui le masquent:

> C'est l'oeuvre de Giacometti qui me rend notre univers encore plus insupportable, tant il semble que cet artiste ait su écarter ce qui gênait son regard pour découvrir ce qui restera de l'homme quand les faux-semblants seront levés. (*OC* v.41)

> Rembrandt! Ce doigt sévère qui écarte les oripeaux et montre... quoi? Une infinie, une infernale transparence. (*OC* IV.29)

Nous venons de voir comment l'homme genétien est composé d'une écorce corporelle temporaire, laquelle recèle une faille, une plaie secrète qui sert d'ouverture à l'expérience du vide, expérience où l'équivalence de tous les hommes est ressentie et qui constitue, pour Genet, l'expérience artistique et esthétique par excellence. Nous montrerons maintenant l'existence de tout un courant qui semble contredire cette révélation.

2. *Le mystère de l'Incarnation*

> Socr.: C'est, mon cher Théétète, que tu éprouves des douleurs d'enfantement et la raison en est que ton âme est, non point vide, mais grosse au contraire. Théét.: Je ne sais pas Socrate! Ce que je dis, c'est, à la vérité, ce que je ressens. Socr.: Alors, plaisant jeune homme que tu es, tu n'as donc pas entendu dire que je suis le fils d'une sage femme tout à fait distinguée et sérieuse, Phénarète? Théét.: Oui, je l'ai entendu dire. Socr.: Et n'as-tu point entendu dire que je pratique le même métier?[10]

Depuis Socrate qui pratiquait un certain type de maïeutique, l'accouchement de la vérité, la vérité est associée à la grossesse. Dans la Bible, la copule, le Verbe, se fait chair, s'incarne. Avec l'arrivée du christianisme, le problème de la vérité devient celui de l'Incarnation: comment le Père, Dieu — ce Dieu qui est lumière, nous dit saint Jean — est-il venu nous éclairer en la personne de son fils, Jésus-Christ? C'est par l'opération du Saint-Esprit, opération selon laquelle Dieu

monde". C'est ainsi qu'il faut aussi comprendre le divertissement pascalien, c'est-à-dire tout ce qui a pour but de détourner l'homme de la conscience de son néant.
[10] Platon, *Théétète* in *Oeuvres complètes* (Paris: Gallimard—La Pléiade, 1950), II, 93.

le Père a insufflé l'Esprit dans le corps de La Sainte Vierge. C'est le Mystère de l'Immaculée Conception.

Elevé dans le catholicisme, Genet, enfant sans père ni mère, centre toute sa recherche de la vérité, pose la question de la signification du monde, sa quête de l'origine de l'être, en termes d'une problématique de la grossesse et de l'incarnation.

> Je suis né à Paris le 19 décembre 1910. Pupille de l'Assistance Publique, il me fut impossible de connaître autre chose de mon état civil. Quand j'eus vingt et un ans, j'obtins un acte de naissance. Ma mère s'appelait Gabrielle Genet. Mon père reste inconnu. J'étais venu au monde au 22 de la rue d'Assas. (*JV* 46)

L'endroit où Genet est né est occupé par la Maternité. Là, on refuse de le renseigner sur ses origines. Et donc, sa naissance demeure pour lui un mystère, une Conception Maculée d'où le père, et même, la mère sont absents. Sa naissance tient donc un peu du miracle.

L'absence d'origine — sa naissance illégitime, sans père ni mère — éloigne Genet des hommes, de sorte que c'est parmi les fleurs qu'il se découvre un lien.

> Quand je rencontre dans la lande — et singulièrement au crépuscule... — des fleurs de genêt, j'éprouve à leur égard une sympathie profonde. Je les considère gravement, avec tendresse. Mon trouble semble commandé par toute la nature. Je suis seul au monde, et je ne suis pas sûr de n'être pas le roi — peut-être la fée de ces fleurs. (*JV* 47)

Ce lien est d'ordre verbal. C'est son *nom* qui le lui fournit. Et cette recherche d'une identité à travers le nom se constate dans toute l'oeuvre. "Je n'ai jamais parlé que de moi-même", nous dit-il. Aussi se reconnaît-il dans tous ceux qui, porteurs du même nom, sont présents en lui: saint Jean de la Croix, qu'il a sûrement lu, sainte Jean(ne) d'Arc, une des seules femmes qu'il ait jamais aimées[11]. Aussi

---

[11] Dans l'*Interview avec Playboy* (avril 1964), p. 47, nous lisons ce passage:

Playboy: Have you ever been interested in women?
Genet: Yes, four women have interested me: The Holy Virgin, Joan of Arc, Marie Antoinette, and Mme Curie.

Signalons que, des quatre femmes, les deux premières sont vierges, la troisième a été décapitée, et la quatrième incarne le type de femme "virile" dont la découverte scientifique introduit ce poison moderne: la radioactivité. Nous connaissons le goût de Genet pour les poisons, qui lui inspire cette litanie, dans *Notre-Dame-des-Fleurs*: "Datura fastuosa, Datura stramonium, Belladona..." (*OC* II.74).

le problème de l'identité chez Genet rejoint-il le problème de l'Incarnation. Fils illégitime à la recherche d'une identité, Genet se reconnaît partout. Il est le corps qui sert de support, le corps qui permet à l'autre de se manifester.

La quête de soi qui motive une si grande partie de la pensée de Genet est inséparable de l'expérience du vide et du mystère de l'Incarnation. Que l'Incarnation, prise au sens large, vienne à désigner les multiples personnalités qui habitent Genet ou la doctrine chrétienne en particulier, il s'agit toujours d'une expérience où le sujet éprouve l'expérience vitale sur un mode passif, comme intrusion de l'Autre en soi. La saisie de soi-même comme unité est rare chez Genet, d'où une véritable prolifération du mot "Jean" dans l'oeuvre, particulièrement dans *Pompes funèbres* où nous lisons ce commentaire: "Ce livre est vrai et c'est une blague. Je le publierai afin qu'il serve la gloire de Jean, mais duquel?" (*OC* III.123). C'est que nous avons: Jean Genet et Jean Decarnin, sans compter tous ceux que l'on trouve dans les autres oeuvres. Si nous excluons *Querelle de Brest*, nous pouvons dire que les récits les plus fictifs se présentent en partie comme récits autobiographiques et font de Jean Genet un personnage de l'oeuvre: nous citons à titre d'exemple, la fameuse scène dans *Miracle de la rose* où le narrateur donne son signalement au gardien à son entrée en prison:

—Ton nom?
—Genet
— Plantagenet?
—Genet, je vous dis.
— Et si je veux dire Plantagenet, moi? Ça te dérange?
— ...
— Prénom?
—Jean.
— Age?
—Trente.
— Profession?
— Sans profession. (*OC* II.227)[12]

Genet auteur se scinde en personnages puisque le geste de "reprendre à son compte", de s'approprier les actes ou caractéristiques des

---

[12] Citons aussi l'exemple, dans *Notre-Dame-des-Fleurs*, où Clément Village narre son crime à "missié Jean": —"Tu comprends, missié Jean. J'ai frappé sa tête, là, sa tête là a fracassé su le lit d'cuive" (*OC* II.104). De même, dans *Pompes funèbres*, la mère de Jean Decarnin présente ainsi son amant au narrateur: "Monsieur Genet, dit-elle, en minaudant et en tendant sa main blanche, molle et potelée, voici mon ami" (*OC* III.12).

autres est si prévalent chez lui. L'identification à la victime du sacrifice, et en particulier à cette victime exemplaire qu'est le Christ, constitue l'identification principale: "On fit aussi cela au Christ" s'écrie un des enfants suppliciés de Mettray, et Genet prend sur lui ce surcroît d'horreur dont fut chargé Bulkaen "comme d'autres prirent sur eux le péché des hommes" (*OC* ɪɪ.415, 447). La phrase finale de *Miracle de la rose* évoque la Passion et fait allusion à l'incarnation humaine de Dieu dans sa figure sacrifiée: "Le reste est indicible. Je me tais et marche les pieds nus" (*OC* ɪɪ.469).

Dire que l'identification principale se fait avec la figure du Christ, du crucifié, ne signifie pas que le contraire ne puisse pas être soutenu aussi, et alors, l'identification dominante serait avec le sacrificateur. Nous avons vu comment Genet glorifiait l'assassin, qu'il place au sommet de la hiérarchie criminelle, c'est-à-dire de la hiérarchie sociale qu'il instaure. Si l'identification au meurtrier n'est jamais aussi explicite que l'identification à la victime, si elle demeure une espèce d'idéal jamais atteint et que Genet ne réalise que de façon indirecte au moyen de l'écriture, toujours est-il qu'elle constitue le principe moteur de ses premiers récits et même de tous ses romans. Le condamné à mort, qui réunit les deux fonctions antithétiques de sacrificateur et de sacrifié (il a tué mais va mourir à son tour), est l'axe autour duquel tournent tous les romans de Genet. Tuer, pour Genet, c'est aussi se tuer. Aussi Genet appelle-t-il Querelle "un joyeux suicidé moral" et écrit-il dans *Notre-Dame-des-Fleurs*, à la suite d'un passage où il veut chanter l'assassinat: "J'en ai assez de satisfaire sournoisement mes désirs de meurtre en admirant la pompe impériale des couchers de soleil, assez mes yeux s'y sont baignés. Passons à mes mains. Mais tuer, te tuer, Jean. Ne s'agirait-il pas de savoir comment je me comporterais, te regardant mourir par moi?" (*OC* ɪɪ.62).

A cause de son origine symbolique ou réelle, du fait qu'il n'appartient qu'à "la famille des orties", l'identification au Christ n'est jamais complète. Genet appartient aux régions infernales, il a "par (son) emblème naturel (les fleurs de genêt), des racines... dans ce sol de France nourri des os en poudre des enfants, des adolescents enfilés, massacrés, brûlés par Gilles de Rais" (*JV* 47). Il se nourrit, il se repaît, comme un bourreau, d'enfants massacrés, mais en même temps, il *est* ces enfants sacrifiés, qui composent le tissu même de son corps.

*   *   *

> Alors Jésus leur dit:
> En vérité, en vérité, je vous le dis,
> si vous ne mangez la chair du Fils de
> l'homme et ne buvez son sang, vous
> n'aurez pas la vie en vous.
> Qui mange ma chair et boit mon sang
> a la vie éternelle
> et je le ressusciterai au dernier jour
> Car ma chair est vraiment une nourriture
> et mon sang vraiment une boisson.
> Qui mange ma chair et boit mon sang
> demeure en moi
> et moi en lui.
>   L'Evangile selon saint Jean[13]

La présence en chair du Christ dans l'hostie avait fasciné Genet, notamment dans l'expérience du ciboire. Amoureuse de Notre-Dame, Mimose avale sa photo. Ce geste est tout à fait incompris par Notre-Dame ("Elle travaille dur, la môme. V'la qu'elle bouffe du papier") qui n'imagine pas que l'on puisse "éprouver quelque émotion en s'incorporant à la lettre l'image d'un être désiré, en le buvant par la bouche…" (*OC* II.88). L'amour motive donc une forme de manducation symbolique où l'amant incorpore l'aimé.

C'est sous cet angle-là qu'il faut voir comment tout *Pompes funèbres* se présente comme une méditation sur l'incarnation. Genet écrit ce texte pour apaiser la souffrance que lui cause la mort de son amant, Jean Decarnin, pour le glorifier et le faire revivre. Et la résurrection à laquelle Genet soumet Decarnin nous est décrite dans les termes suivants:

> …Toutes ces plaies m'apprenaient mon amour. Par moi, il agira, pensera. Par mes yeux il verra les étoiles, l'écharpe des femmes et leur sein. J'assume un rôle très grave. Une âme est en peine à qui j'offre mon corps. (*OC* III.57)

Genet prête son corps à Jean Decarnin, à Jean De-carnem. Il prête son corps à ce Jean qui ne donne plus signe de vie, qui manque de carnation, qui n'a plus de chair; il offre son corps à Jean Décharné. Ce n'est plus le vide dont nous avons parlé plus haut. Genet reconnaît ici l'existence d'une âme, d'une entité distincte du corps susceptible de s'incarner, de se faire chair[14]. Mais l'incarnation de l'âme de

---

[13] L'Evangile selon saint Jean, La Bible de Jérusalem (Paris: Editions du Cerf, 1975), 6:53-56, p. 1855.

[14] Le fait que Jean Decarnin ait été une personne réelle (et importante dans la vie de Genet, puisque c'est pour protéger sa mémoire que Genet se laissa emprisonner,

Jean Decarnin n'est pas limitée au corps humain. Genet nous dit reconnaître son âme dans une vieille mendiante, dans une poubelle, dans deux morceaux de bois plaqués l'un contre l'autre, dans une branche de houx: "sans doute Jean peut avoir existé momentanément sous n'importe quelle forme" (*OC* II.57) écrit-il. Parfois la réincarnation de Jean Decarnin prend la forme d'une ressuscitation magique. Genet va jusqu'à imaginer posséder le corps de son amant dans une boîte d'allumettes qu'il caresse dans sa poche.

> Je portais son cercueil dans ma poche. Il n'était pas nécessaire que cette bière, aux proportions réduites, fut vraie. Sur ce petit objet le cercueil des funérailles solennelles avait imposé sa puissance. J'accomplissais dans ma poche, sur la boîte caressée par ma main, une cérémonie funèbre en réduction, aussi efficace et raisonnable que ces messes que l'on dit pour l'âme des trépassés derrière l'autel, dans une chapelle reculée sur un faux cercueil drapé de noir. Ma boîte était sacrée. Elle ne contenait pas une parcelle du corps de Jean, elle contenait Jean tout entier. Ses ossements avaient la taille des allumettes, des cailloux emprisonnés dans les sifflets. C'était quelque chose comme ces poupées de cire enveloppées de linge, sur quoi les envoûteurs font leurs enchantements. Toute la gravité de la cérémonie était amassée dans ma poche où venait d'avoir lieu le transfert. (*OC* III.25-26)

Ici Genet a recours à la magie imitative: la boîte d'allumettes devient le double du cercueil sur lequel Genet projette tous ses désirs. Mais la plupart du temps l'incorporation d'autrui en soi s'effectue au moyen de deux opérations. Le premier moyen consiste en une ingestion par voie buccale: c'est le cas de la communion ou du repas totémique, manducation symbolique ou réelle qui permet à l'esprit de se manifester. Nous avons déjà parlé de la communion, ajoutons donc que Genet nous fournit aussi un exemple de repas totémique. Dans *Pompes funèbres*, la chair de Jean Decarnin, dont le nom constitue une espèce de réduction du thème charnel, est l'objet d'un festin imaginaire au cours duquel elle est cuite et mangée.

> Les pieds nus, les jambes, les cuisses de Jean apparurent, glacés. Quel pain m'apporte ce festin! Dans mon souvenir sa queue, qui déchargeait si calmement prend les proportions et parfois la sereine apparence d'un pommier d'avril sous ses fleurs. Même pour manger ses amis, il faut les faire cuire, préparer du feu, des marmites. Ce fut long avant que

obtenant ainsi la condamnation à perpétuité qui ne fut révoquée que grâce à la pétition que Sartre et d'autres hommes de lettres soumirent au Président Auriol) n'ôte rien à la valeur interprétative de son nom.

de m'attabler avec une fourchette, ainsi que Riton avec le chat. Et maintenant tu n'es plus que cette branche épineuse qui déchire mon regard. (*OC* III.163).[15]

Le deuxième type d'incarnation est celui qui résulte — nous sommes tentés de dire d'une injection séminale, puisque ce type d'incarnation donne lieu à la métaphore de la grossesse — mais il s'agit plutôt d'une "conception immaculée", car le rapport entre la conception et l'acte sexuel est supprimé, comme chez certains primitifs qui considèrent que l'enfantement est le résultat de l'introduction dans le corps de la femme d'un esprit aspirant à la résurrection. "L'âme de Jean est en moi", écrit Genet. Le cadavre enterré, Jean a pris place dans son coeur: "Il m'habite", dit-il encore. Ajoutons que, quel que soit le moyen, manducation ou autre, adopté pour la résurrection, l'image de la grossesse, qui implique l'identification à un rôle féminin, prédomine.

Nous sommes habitués, depuis les poètes platoniciens du seizième siècle, à cette forme de dépossession que crée l'expérience amoureuse: l'amour, c'est la possession de l'amant par l'aimé, phénomène que Maurice Scève appelait "infusion" de l'âme dans un corps passif:

> En toy je vis, où que tu sois absente:
> En moy je meurs, où que soye présent
> Tant loing sois tu, tousjours tu es présente:
> Pour près que soye, encores suis je absent.[16]

Mais cette image de l'amant absent de lui-même qui ne vit que pour et par l'aimée, dont le corps est le support passif de l'âme de sa bien-aimée, est reprise et remaniée par Genet. Chez lui, l'amant n'est pas absent de lui-même, il s'incorpore l'aimée, et leur rapport est conçu en termes d'enfantement: Divine dit à Gabriel, qu'elle surnomme "l'Archange": "Je t'aime comme si tu étais dans mon ventre" (*OC* II.82). Précisons, pour rendre encore plus apparent le lien entre l'amour, l'incarnation et la conception chez Genet, que ce fut l'Archange Gabriel qui annonça à la Vierge qu'elle allait devenir mère.

Jusqu'ici, nous avons envisagé l'Incarnation plutôt dans son aspect créateur: c'est l'amour extrême que Genet porte à Decarnin qui lui fait envisager la manducation comme solution possible. Pourtant, créa-

---

[15] Dans un épisode antérieur, Riton le milicien qui avait tué et mangé un chat "sentait dans sa chair la présence d'un chat, à lui-même si bien assimilé qu'il craignait qu'on entendit des miaulements et son ronron" (*OC* III.91).

[16] Maurice Scève, *Délie* in *Poètes du XVIe siècle* (Paris: Gallimard-La Pléiade, 1963), sonnet 144, p. 123.

tion et destruction ont une même origine: "Le baiser est la forme du primitif désir de mordre" (*OC* ii.468). Et donc, de toutes les formes d'incarnation que nous trouvons chez Genet, la plus surprenante est celle qui résulte du meurtre. L'assassinat, l'acte le plus destructif, est, lui aussi, comparé à une grossesse: L'assassin *accouche* d'un mort; même plus, son acte n'est pas tout à fait destructif puisqu'il crée, ce faisant, un fantôme, un être qui vit en lui.

> Je l'ai dit plus haut, plutôt qu'un vieux, tuer un beau garçon blond, afin qu'unis déjà par le lien verbal qui joint l'assassin à l'assassiné (l'un l'étant grâce à l'autre), je sois, aux jours et nuits de mélancolie désespérée, visité par un gracieux fantôme dont je serais le château hanté. Mais que me soit épargnée l'horreur d'accoucher d'un mort de soixante ans, qui serait une femme, jeune ou vieille. (*OC* ii.62)

Encore une fois, Genet dissout la ligne qui sépare deux concepts opposés, le meurtre et la naissance, la vie et la mort, en faisant de l'assassinat un acte qui engendre l'incarnation.

Il serait facile, à partir des éléments repérés, de faire de Genet un être tiraillé entre le corps et l'esprit, le matérialisme et l'idéalisme. Si l'expérience du vide met en cause une dualité corps et âme, nous ne devons pas pour cela réduire l'oeuvre de Genet à une nouvelle variante du débat entre le Diable et le Bon Dieu, Genet jouant le rôle de celui qui, tout en s'étant abandonné au Diable, garderait la nostalgie du Bien. A l'encontre du Moyen Age où l'âme et le corps vivaient en perpétuel combat dans un dualisme éthique où le Bien augmentait à mesure que diminuait l'emprise du corps, chez Genet, le dépassement du corps ne révèle que le Néant. L'expérience du vide et l'incarnation genétienne renvoient tous deux, l'un entaché d'un signe négatif, l'autre marqué d'un signe positif, à un au-delà de l'apparence, considéré comme l'essence du monde. Nous avons parlé de l'expérience du vide comme d'un mysticisme négatif: si le but du mysticisme est de percer le monde de l'apparence pour atteindre l'essentiel, Dieu, l'expérience du vide perce le monde de l'apparence mais ne révèle que le néant.

Le résultat de cette perspective du monde fait que, contre son gré ou non (il nous est difficile de croire que Genet ait voulu les punitions infligées en prison, quoiqu'il en dise), Genet se trouve dans la position du mystique qui pratique l'ascétisme et le détachement du corps, et dans *Miracle de la rose*, il nous décrit une expérience à la fois semblable et contraire à celle des mystiques chrétiens. "Si l'habituelle sainteté consiste à monter dans un ciel vers son idole, la sainteté qui me menait vers Harcamone en étant exactement le contraire, il était normal que les exercices m'y conduisant fussent d'un autre ordre que les exercices qui mènent au ciel" (*OC* ii.445). On pourrait même retrouver jusqu'à un certain point les cinq étapes dans le cheminement vers Dieu repérées par Ortega y Gasset dans son étude sur l'amour chez les mystiques: 1) *Le désir de Dieu*, remplacé ici par celui d'Harcamone; 2) *La purification* obtenue au moyen de l'ascétisme (chez Genet, la vie austère de la prison, et en particulier celle des punis dont il fait partie lors des dernières apparitions d'Harcamone—marche forcée exténuante de la Salle de Punition, alimentation constituée d'eau et de pain sec); 3) *La contemplation* (la concentration en Dieu, ici en Harcamone); 4) *La nuit obscure*, où l'âme se vide de tout pour laisser place à Dieu; 5) *L'union avec Dieu*, que symbolise ici la Rose Mystique dont le centre est un "trou noir et profond comme un oeil", abîme vertigineux[17].

Les exercices auxquels se livre Genet appartiennent en effet au registre des exercices spirituels mais doivent satisfaire en même temps "...un autre ordre que les exercices qui mènent au ciel. Je devais aller à lui—écrit-il—par un autre chemin que celui de la vertu" (*OC* ii.445). Avec Harcamone, Genet nous présente l'expérience mystique et sa parodie. La parodie sied d'ailleurs à son inclination pour le vol et la profanation: le geste de "prendre à son compte" implique l'appropriation et la distortion de l'élément en question. L'expression revient fréquemment sous la plume de Genet, est même mise en italique dans la description du martyr subi par Bulkaen. Mais le terme de parodie n'est peut-être pas tout à fait justifié, car il implique l'intention consciente de ridiculiser, et cette intention ne nous semble pas si claire chez Genet, car si son oeuvre nous présente la destruction des valeurs établies et le rejet de l'ordre social et humain jugé faux et artificiel par un regard qui perçoit le vide partout, elle nous présente aussi un monde d'essences éternelles et universelles compatibles avec certaines formes d'expérience mystique.

Le principe à la base des diverses métamorphoses genétiennes, ce qui permet que l'homme devienne aisément chacal, plante ou roc avec une conviction qui dépasse les simples correspondances de type baudelairien, c'est la croyance en l'existence d'une âme distincte capable de s'incarner et de se réincarner. Les métamorphoses genétiennes rejoindraient plutôt la croyance au principe de la réincarnation, à ceci près que, tandis que dans la plupart des religions—la religion hindoue, par exemple—le cycle des incarnations ne s'applique qu'à la

---

[17] José Ortega y Gasset, "Enamoramiento, éxtasis e hipnotismo", *El amor en Stendhal* (Madrid: Revista de Occidente, 1947), pp. 578-90.

matière animée (plante, animal, végétal) selon un principe de rétribution moral, chez Genet les incarnations portent sur la manière inanimée également et ne semblent être régies par aucune loi morale. Ainsi s'expliquerait le fait que le narrateur de *Pompes funèbres* reconnaît l'âme de son amant, Jean Decarnin, dans une branche de houx. L'esprit transparaît à travers les diverses enveloppes dont il se pare.

On ne peut nier l'aspect comique, ironique des identifications que l'auteur nous présente. Mais si Genet s'amuse à nous mystifier en nous présentant l'âme d'un ami mort dans une plante, ou s'il fait preuve d'un animisme comme celui que l'on attribue aux primitifs ou aux enfants, ces identifications ne sont jamais un simple jeu, une boutade enfantine, mais découlent de sa croyance en une essence, un soi unique, qui constitue tout être. Cette croyance est à l'opposé de celle qui se dégage de l'expérience du vide. Et donc, pour Genet, l'être vivant est tantôt une essence individuelle qui perce à travers les différents corps qu'elle revêt, tantôt pullulement de corps matériels dont la multiplicité des apparences masque un Tout indifférencié, une équivalence générale qui nie toute individualité. L'oscillation d'un pôle à l'autre, ou plutôt la coexistence de ces deux conceptions antithétiques est explicite dans le passage suivant, tiré de *Ce qui est resté d'un Rembrandt...*

> Cette équivalence, je crus même la retrouver aux Halles, aux abattoirs, dans l'oeil fixe, mais non sans regard, des têtes de moutons coupées, posées en pyramide sur le trottoir? Où m'arrêter? Qui eussè-je assassiné si j'avais tué tel guépart qui marchait à longues foulées, souple comme un voyou d'autrefois? (*OC* iv.25)

L'interrogation finale résume en quelque sorte toute la question. Ce voyou que Genet regarde marcher est-il lui-même tel qu'il était autrefois? Et donc, les traits qui servaient à distinguer Genet peuvent s'appliquer en fait à tout homme: il n'y a qu'une vaste équivalence derrière l'apparence extérieure. Le regard des têtes de moutons est-il le même que mon regard que je croise dans le miroir et qui me révèle le vide, et alors, il n'y a fondamentalement aucune différence entre le mouton et moi; ou ce regard de mouton, cette démarche de voyou traduit-elle une essence que je retrouverai ailleurs, dans d'autres corps, une essence éternelle qui transcende la mort et apparaît, réapparaît à travers d'innombrables métamorphoses?

Il reste à voir quel sens il nous faut donner à la coexistence des deux visions du monde que nous trouvons chez Genet: celle qui se dégage de l'expérience du vide, et celle qui se révèle à travers ce mystère qu'est l'Incarnation.

5. "Je meurs à la lettre"

> En embellissant ce que vous méprisez, voici que mon esprit, lassé de ce jeu qui consiste à nommer d'un nom prestigieux ce qui bouleversa mon coeur, refuse tout qualificatif. Les êtres et les choses, sans les confondre, il les accepte tous dans leur égale nudité. Puis il refuse de les vêtir. Ainsi ne veux-je plus écrire, je meurs à la lettre. (*JV* 116)

Jusqu'ici nous avons suivi la criminalité genétienne dans ses grandes lignes: d'une part comme organisation sociale qui permettait l'instauration de catégories stables, et de l'autre comme quête de la liberté vécue comme révolte qui aboutissait à l'idéalisation, à l'irréalisation, puis, enfin, à la dissolution du monde criminel de Genet. Nous avons situé ce deuxième aspect de la criminalité, la criminalité sous sa face dissolvante, comme cheminement solitaire vers un certain type d'expérience que nous avons nommé l'expérience du vide.

Genet situe l'épisode de la prise de conscience du vide à un moment précis de son histoire personnelle dont les textes publiés en 1957-1958 rendent compte. Toujours est-il que cette expérience n'est pas si neuve, puisqu'elle se trouve déjà au centre de son premier roman, *Notre-Dame-des-Fleurs*. Artifice littéraire ou événement réel, il n'empêche que l'épisode de 1957-1958 indique de façon précise les éléments qui structurent l'univers de Genet et nous permettent de reconstruire l'esthétique genétienne. A la base de ses écrits, nous constatons un mouvement niveleur où tout se vaut, tout se tient, tout est pareil. Etrangement apparentée à ce mouvement est la tendance fondamentalement auto-destructrice qui structure les écrits de Genet: constamment nous voyons Genet soutenir une opinion, affirmer un fait, puis les détruire dans un second geste qui n'aboutit jamais à la synthèse, comme on pourrait s'y attendre, mais à l'effacement, à la destruction. Thèse et antithèse, le vrai comme le faux, s'annulent dans un mouvement égalitaire. Nous retrouvons ce même mouvement vers la fin de *Ce qui est resté d'un Rembrandt...* texte déjà cité, où Genet décrit avec la plus grande précision l'expérience du vide et la perte de toute jouissance vitale. Il nous déclare ne ressentir, à la suite de cette expérience, que dégoût envers soi et les autres. Or, après avoir constaté l'impossibilité de toute pratique érotique: "l'érotisme et ses fureurs me furent refusés, définitivement. Comment ignorer, après l'expérience du wagon, que toute forme charmante, si elle me renferme, est moi-même?" (*OC* IV.30), il mine la portée de ses déclarations en avouant qu'il sait n'écrire cela qu' "afin de (se) défaire de l'érotisme", pour "tenter de le déloger de (lui), pour l'éloigner en tout cas" (*OC* IV.31). Ainsi, dans une contradiction typiquement genétienne, la colonne où il nous décrit l'expérience qu'il éprouva dans le wagon aboutit à la mise en question de tout ce qu'il vient de nous dire. Cette colonne se termine en un point d'interrogation: Genet ouvre la possibilité du triomphe de l'érotisme face au "si fragile regard" capable de le détruire.

Socrate ne constatait-il pas que "l'opinion de la foule est sans doute qu'... on n'est pas loin d'être mort quand on ne fait aucun cas des plaisirs dont le corps est l'instrument"[1]. Dans la dernière partie du texte sur Rembrandt, Genet semble se placer du côté de la foule bien qu'en fait, il oscille entre la valorisation du monde corporel et celle d'un au-delà du corporel vécu comme vide ou mort mais qu'il considère, paradoxalement, comme seule existence authentique. L'expérience du vide, qui entraîne le détachement du monde matériel, devient une espèce de mort. Mais une mort sans transcendance, une mort qui ne renvoie nullement à un au-delà, source de perfection et de plénitude. Et donc, tandis que Socrate, durant les dernières heures qui précèdent sa mort, ne peut que se réjouir d'une mort qui doit lui apporter une vision claire et vraie, non troublée par l'obstacle corporel, Genet se raccroche au monde matériel pour s'empêcher de sombrer dans une mort sans illumination, se tourne vers l'érotisme pour échapper à une connaissance qui ressemble trop à un trou noir sans issue, à l'abîme vertigineux au coeur de la rose mystique d'Harcamone. Son geste final sera donc de tout nier: la deuxième colonne, où il décrit Rembrandt et son art en fonction de l'expérience du vide

[1] Platon, *Phédon* ou *De l'âme* in *Oeuvres complètes* I, 776.

s'annule dans le paragraphe final que nous reproduisons: "Il va de soi que toute l'oeuvre de Rembrandt n'a de sens au moins pour moi — que si je sais que ce que je viens d'écrire était faux" (*OC* iv.28).

L'oeuvre de Genet a été taxée d'oeuvre morale par la plupart de ses "grands" critiques. Or, le mouvement fondamental qui sous-tend ses écrits ne l'est pas nécessairement. Une conception qui semble égalitaire comme celle que nous donne parfois Genet (tout est égal, tout s'équivaut) est, en fait, le contraire d'une perspective humaniste. Ce que Genet dit vraiment c'est que tous les hommes sont égaux dans leur nullité. Il est vrai que les moralistes s'attachent traditionnellement à nous montrer que la vertu n'est souvent qu'un vice déguisé, mais de là à poser que vice et vertu s'équivalent, il y a un grand pas. Le moraliste est celui qui expose l'homme en vue de l'améliorer. Or, Genet ne croit pas au progrès. Sa conception du monde est statique: nous ne faisons que changer de place, la victime devient parfois le bourreau, le bourreau la victime mais les places sont toujours les mêmes. Des moralistes, Genet a pris l'idée de la déchéance de l'homme sans partager celle de sa perfectibilité.

Et pourtant, en dépit d'une vision qui ramène tout au même, où vice et vertu, le vrai et le faux, le bien et le mal sont interchangeables, en dépit, donc, d'une vision du monde qui plonge tout dans l'indifférence, Genet a écrit. C'est donc qu'il a pensé qu'un sens était toujours possible, que l'expérience du vide était peut-être fausse: c'est bien ce qu'il veut dire lorsqu'il affirme que l'oeuvre de Rembrandt n'a de sens que s'il sait que tout ce qu'il vient d'écrire — tout ce qu'il vient de décrire au sujet de l'expérience du vide — est faux. L'oeuvre de Rembrandt, en fait, toute oeuvre, n'a de sens que si le sens est possible, que si la question de la vérité n'est pas superflue. La réalisation de l'expérience du vide, d'une expérience qui ramène tout à un néant indifférent, a pour corollaire la perte de toute jouissance vitale et l'impossibilité d'écrire. Que le vide vienne à éroder le monde, et c'est la mort, cette mort dont Genet ne cesse de parler mais dont on ne peut discourir que s'il reste tout de même un résidu de vie.

L'écriture genétienne procède par annulation, création et destruction s'effaçant par vagues alternantes. La logique genétienne se repaît de contradiction: c'est ainsi que l'on peut voir, dans Harcamone, l'être le plus grand (Dieu), ou le plus bête, et dans Divine, à la fois la prostituée et la sainte. Stratégie certainement aussi vieille que la Bible puisque nous y trouvons ces paroles de Jésus: "Qui veut sauver sa vie, la perdra, mais qui perdra sa vie... la sauvera" ou encore: "...les derniers seront premiers et les premiers seront derniers", stratégie donc, qui a pour effet de rabaisser ce qui est tenu pour grand et d'élever ce qui est tenu pour bas, stratégie de la récompense du renoncement où le perdant est gagnant, stratégie opérant à l'intérieur d'une logique circulaire, où le minimum absolu se confond avec le maximum absolu[2]. L'univers de Genet est l'univers de la fête, des fous, où l'esclave devient roi et le roi esclave.

> C'est seulement ces sortes de vérités, celles qui ne sont pas démontrables et même qui sont "fausses", celles que l'on ne peut conduire sans absurdité jusqu'à leur extrémité sans aller à la négation d'elles et de soi, c'est celles-là qui doivent être exaltées par l'oeuvre d'art. (*OC* IV.21)

De même que Diogène le Cynique, philosophe du discours radical qui professait un si profond mépris des richesses et des conventions humaines qu'il vivait tout nu dans un tonneau, Genet s'est détaché du monde et vit sans domicile fixe, sans possessions, errant de ville en ville[3]. La légende veut qu'Alexandre, rencontrant Diogène, lui demanda ce qu'il voulait, à quoi Diogène répondit: "Ote-toi de mon soleil". Si l'on se demande qui des deux, Alexandre ou Diogène est gagnant, l'on doit répondre: "les deux". Car Diogène a le pouvoir de mouvoir le corps du roi par ses paroles, mais en répondant à Alexandre, Diogène montre qu'il n'est pas si détaché du commerce des hommes puisqu'il laisse Alexandre se mettre entre lui et le soleil et, de plus, qu'il se permet de dialoguer avec le roi. De même Genet, répondant à l'enquête sur la justice, dans *L'Enfant criminel*, entame un dialogue avec la société, tout en professant de la mépriser. On ne pouvait alors s'empêcher de le soupçonner d'une certaine mauvaise foi, d'un certain exhibitionnisme dans son rejet de l'ordre humain.

Mais il y a maintenant plusieurs années que Genet n'écrit plus, qu'il ne communique plus avec nous: peut-être vit-il donc enfin tout à fait l'expérience du vide. Dès 1946, dans *Journal du voleur*, Genet annonçait, prévoyait, son silence: "J'espère le bruit du canon, les trompettes de la mort, pour disposer une bulle de silence sans cesse recréée" (*JV* 116). Mais cette bulle de silence c'était aussi tous ses écrits, qui,

---

[2] Nous renvoyons à l'édition publiée par l'Ecole Biblique de Jérusalem, dont nous donnons les numéros de page. Pour la première citation, voir Mt. 16:24-28 (p. 1725), Mc. 8:35-36 (p. 1766), Lc. 9:23-27 (p. 1805). Pour la deuxième citation, voir Mt. 19:30 et 20:16 (p. 1731), Mc. 10:31 (p. 1770), et Lc. 13:40 (p. 1817).

[3] C'est Michel Serres qui nous a inspiré cette analogie.

par leur refus de communiquer, par leur rejet de l'homme et leur iso-
lement, constituaient un silence, un silence sans cesse répété, recréé.
Son silence est donc sans doute l'aboutissement logique de sa vision
du monde, vision distorse, solitaire, semblable à celle que nous renvoie un miroir déformant. Un exemple concret de cette vision du
monde nous est donné dans *Journal du voleur* où Genet décrit la frayeur
de Stilitano perdu dans le labyrinthe de glace de l'attraction foraine
nommée Palais des Miroirs. C'est cette scène, dit-il, qui lui inspira
le ballet *'Adame Miroir*, dont le titre nous indique qu'il s'agit de capter
l'image du premier homme — Adam — père, modèle de tous les autres,
du premier homme qui est aussi presque femme, (M)Adame, d'un
être solitaire, homme/femme, toujours le même, reflété à l'infini[4].

De même, les détenus en prison enfilent des perles de verre colo-
riées, des perles iridescentes qui servent à faire des couronnes mor-
tuaires. Avec ces perles, Genet fabrique des cadres pour ses photographies de condamnés à mort "ces belles têtes au regard vide" qu'il
a collées au mur de sa cellule (*OC* ii.10). La vision de Genet est celle
d'un monde vu à travers la surface convexe des perles enfilées: chez
lui, le cercle, la figure la plus parfaite, la plus harmonieuse selon les
anciens, devient sphère déformante. Son monde a la fragilité d'une
bulle de savon dont l'éclatement ne manifeste que le vide. Semblable
à ces "perles" ou "perlouzes" que lachent Mignon et tant d'autres personnages genétiens, les oeuvres de Genet éclatent, ne laissant que ce
qu'il nomme sa "mauvaise odeur" qui vient gêner le sommeil de notre
vie trop conformiste.

Le souffle, le vent, est traditionnellement symbole de puissance,
de fécondité: il est parfois, dans la Bible, assimilé à l'esprit. Dans la
Genèse, Dieu "insuffle dans (les narines d'Adam) une haleine de vie",
et l'homme devient un être vivant[5]. "L'inspiration", du latin "inspi-
rare", "souffler dans", accompagne la puissance de l'écrivain. Nous
avons vu comment, chez Genet, l'emploi de la grossesse, de l'incarnation, des métaphores de fécondation s'opposait à la mort, au vide.
Suivre, chez lui, la métaphore de la grossesse — souffle ou
incarnation — c'est donc suivre le mouvement qui s'oppose au néant
qui caractérise l'expérience du vide[6]. Insistons, encore une fois, sur

---

[4] Le dramaturge espagnol Ramón del Valle Inclán nommait "esperpento" sa vision
du monde caricaturale, vision du monde grossie, étirée, brisée, diforme et mutilée
qui est celle du monde vu à travers un miroir concave ou convexe.

[5] La Genèse, in *La Bible de Jérusalem*, 2:7, p. 19.

[6] C'est en termes de grossesse que Genet décrit l'activité de l'écrivain. La traditionnelle inspiration des Muses devient grossesse sacrée: c'est dans la Bible que Genet

les termes mystiques, bibliques, qui font de l'activité créatrice une expérience religieuse. Ce qui est vrai de l'écrivain l'est aussi du comédien: pour Genet, l'acte théâtral n'est qu'une variante du mystère de l'Incarnation:

> Avec la même émotion le comédien aborde le personnage qu'il rendra visible. Mon épouse peut être moins désolée. Une âme endormie espère un corps: qu'il soit beau, celui qu'apporte pour un soir le comédien… *L'opération magique qu'ils (les acteurs) accomplissent c'est le mystère de l'Incarnation*. L'âme vivra qui sans eux serait lettres mortes. (*OC* III.57; nous soulignons)

Mais chez Genet, le souffle divin — inspiration, incarnation, amour — est constamment menacé par son contraire. "Le premier vers que je m'étonnai d'avoir formé est celui-ci: 'Moissonneur de souffles coupés' ", écrit-il dans *Journal du voleur* (*JV* 51). Son premier vers fut donc sur l'assassin, le coupeur de souffles. Et, si nous nous tournons vers sa dernière pièce, intitulée *Les Paravents* — le paravent est ce qui arrête les courants d'air, le vent, le souffle — nous voyons que celle-ci marque donc, comme on pouvait s'y attendre, la perte du souffle, de l'haleine, de l'inspiration: son expiration.

Mais avant de conclure en nous référant à cette dernière création littéraire, il nous faut considérer l'ensemble des oeuvres théâtrales de Genet afin de les situer dans le contexte du mouvement progressif vers le vide que nous avons repéré dans les écrits antérieurs[7].

De même que l'oeuvre romanesque, les premières oeuvres théâtrales de Genet concernent le crime: c'est en effet le sujet principal de *Haute-Surveillance* et des *Bonnes*. Dans *Haute-Surveillance*, trois criminels sont enfermés dans une cellule. Yeux-Verts occupe une position privilegiée dans la hiérarchie du mal qu'instaure Genet puisqu'il a commis un acte "glorieux", ayant étranglé une jeune fille après l'avoir séduite. Les deux autres camarades de cellule, Maurice et Lefranc adorent Yeux-Verts et se battent jalousement pour lui. Un quatrième

puise ses comparaisons lorsqu'il compare l'inspiration à la Visitation, c'est-à-dire à la visite que La Sainte Vierge fit à sa cousine Elizabeth, enceinte de saint *Jean*-Baptiste: "De cet événement nous pouvons dire qu'il fut comparable à la Visitation. Sans doute ce n'est que longtemps après qu'il eut lieu que nous le reconnûmes 'gros' de conséquences, mais déjà, en le vivant, fûmes-nous parcourus d'un frisson annonciateur" (*OC* III.214).

7 Une version anglaise de l'analyse de l'oeuvre théâtrale de Genet a été publiée dans *Myths and Realities of Contemporary Theater* (Proceedings of the Comparative Literature Symposium [Lubbock: Texas Tech Press, 1985]). Nous remercions les éditeurs de nous avoir accordé la permission de reproduire ces quelques pages.

personnage, espèce de Dieu qui n'apparaît jamais sur scène, domine toute la prison: c'est Boule de Neige, le condamné à mort. A la fin de la pièce, Lefranc tue son rival Maurice pour obtenir la gloire conférée à l'assassin. Mais la motivation de Lefranc est impure: l'assassinat, apprenons-nous, n'est pas une vocation mais un acte sacré. Pour Genet, le crime est un acte du destin, et le véritable assassin, une victime de la fatalité. Le meurtre commis par Lefranc est donc inutile, et la gloire qu'il recherchait n'est pas obtenue.

Dans *Les Bonnes*, deux soeurs complotent le meurtre de leur maîtresse, mais ne parviennent pas à la tuer. A la fin, c'est Claire, la plus jeune des deux soeurs, qui avale volontairement le poison que lui donne sa soeur. Par cet acte, elles espèrent s'élever de la condition abjecte de bonne à celle de Criminelle et de Sainte. Dans *Haute-Surveillance* et *Les Bonnes*, le crime est considéré comme un moyen de transcender une condition jugée inférieure: le petit voleur veut tuer pour s'égaler à l'assassin, les bonnes veulent triompher d'une position subalterne dont la fonction est celle d'instrument anonyme au service du plaisir de Madame pour devenir les égales de leur maîtresse.

Le crime est toujours présent dans les dernières pièces, bien qu'il ne constitue plus le principe moteur de l'action. Le crime acquiert une nouvelle forme, un statut collectif, en devenant pratique révolutionnaire. Ainsi, dans *Le Balcon*, nous assistons à la lutte entre les révoltés et les forces de la société capitaliste représentées par les personnages de la maison de prostitution du même nom. Dans *Les Nègres*, le meurtre et le viol d'une femme blanche sont représentés tous les jours pour distraire les spectateurs de ce qui se passe vraiment derrière la scène: la révolution. *Les Paravents* nous montrent la révolution sanguinaire des arabes contre les colonisateurs.

Seuls *Haute-Surveillance* et *Les Bonnes* ont précédé la biographie critique de Jean-Paul Sartre, *Saint Genet, comédien et martyr*. A en croire Genet, le livre de Sartre a eu sur lui un effet paralysant dont il ne s'est remis que lentement. Dans un certain sens, il a fallu qu'il se libère de la définition que Sartre avait faite de lui. Le théâtre lui a fourni le moyen de le faire. La période qui suit la publication des oeuvres théâtrales est marquée par une conscience sociale et un engagement personnel avec des groupes extrémistes tels que les Black Panthers. Dans ces pièces, cette tendance se reflète par la substitution du crime à la révolution comme élément libérateur. Tandis que le crime dans les premières oeuvres est un acte d'agression solitaire qu'un individu commet contre un autre, la révolution est un acte collectif commis contre un groupe. Néanmoins, cette évolution dans la pensée de Genet ne constitue pas une rupture car le but des actes est toujours la libération. L'objectif visé s'est simplement agrandi.

Le concept de révolution est complexe chez Genet. Toutes les pièces de Genet nous présentent un même but: la quête du pouvoir et le désir de libération. Dans ce sens, la réputation de Genet comme auteur révolutionnaire et l'attrait qu'il exerce sur les minorités semblent justifiés. A l'abord, la thèse de Sartre qui soutient que les écrits de Genet sont des actes révolutionnaires qui sapent les bases de notre société paraîtrait correcte. Les oeuvres de Genet traitent des problèmes sociaux qui continuent à nous affecter: l'éternelle dialectique des puissants et des faibles, des dominants et des dominés. Soulignons le fait que le théâtre de Genet s'adresse à des questions spécifiques qui concernent notre société: la révolution algérienne, le conflit entre les nègres et les blancs, entre une société capitaliste corrumpue et ceux qui tentent de la renverser. Mais le théâtre de Genet est-il vraiment didactique au sens Brechtien? Peut-on considérer Genet comme un auteur engagé?

Brecht n'oublie jamais son objectif: connaître la société pour éliminer la tyrannie, découvrir le meilleur moyen d'agir sur la vie. Le théâtre de Brecht est basé sur la raison: ses techniques de distanciation ont pour but de faire penser les spectateurs, de susciter la discussion afin d'influencer l'humanité d'une façon positive. D'autre part, Genet se méfie de la raison, pense que la folie est plus proche de la vérité que le discours rationnel, et nie toute intention didactique. Dans *Comment jouer "les Bonnes"*, il écrit qu' "il ne s'agit pas d'un plaidoyer sur le sort des domestiques. Je suppose qu'il existe un syndicat des gens de maison—cela ne nous regarde pas" (*OC* IV.269). Dans *L'Etrange Mot d'...*, son essai sur le théâtre, nous trouvons les commentaires suivants: "La politique, les divertissements, la morale, etc., n'auront rien à voir dans notre préoccupation. Si, malgré nous, ils se glissent dans l'acte théâtral, qu'on les chasse jusqu'à ce que toutes traces soient éffacées: ce sont scories dont on peut faire film, T.V., bande dessinée, romans-photos—ah, il y a un cimetière de ces vieilles carrosseries" (*OC* IV.13). En effet, si les pièces de Genet traitent de révolution, leur dénouement est loin d'être révolutionnaire: c'est Claire, une des bonnes, et non Madame, qui meurt empoisonnée; les tentatives de Lefranc pour surmonter sa condition de petit voleur sont un échec; dans *Le Balcon*, la rébellion est vite arrêtée, et si la révolution des *Paravents* réussit, à la fin de la pièce, la situation des arabes n'est pas si différente qu'elle ne l'était sous les colonisateurs. Seul *Les Nègres* se termine sur une note optimiste, les nègres continuant à comploter la révolution. Et pourtant, à la fin de la pièce, Village et Vertu quittent la scène au son des premières mesures du menuet de *Don Juan*, signe annonciateur de leur future décadence, selon certains critiques. Dans ses pièces, Genet décrit une société statique où les rôles sont fixes et les acteurs ne font que changer de place. S'ils sont victorieux, les opprimés peuvent devenir les oppresseurs, mais les éléments structurels demeurent les mêmes. En dépit du fait que les pièces de Genet touchent certains événements de notre temps, son théâtre est curieusement atemporel, et donc plus proche du théâtre classique régi par la fatalité et visant l'homme universel, que du théâtre moderne didactique. Dans le théâtre de Genet, le cadre historique fonctionne comme élément externe à travers lequel une vérité éternelle se manifeste. De nombreux critiques ont souligné la nature archaïque et stylisée des personnages de Genet: la Reine, l'Evêque, le Juge, le Général sont de simples symboles du pouvoir dégénéré de l'ordre social existant. Quelques-unes des recommandations de Genet à Roger Blin ont précisément pour but de dissocier la pièce d'une période particulière. Dans *Les Bonnes* les robes que portent les actrices "seront extravagantes, ne relevant d'aucune période, d'aucune mode" (*OC* iv.269). Les soldats des *Paravents* "doivent avoir l'uniforme des soldats du duc d'Aumale et de Bugeaud", anachronisme qui renforce le fait que la temporalité chez Genet n'est pas conforme à une conception linéaire de l'histoire (*OC* iv.229). Rappelons aussi ce passage sur le temps des *Lettres à Roger Blin*.

> Le temps. Je ne sais rien de précis sur le temps, mais, si je laisse retomber une paupière assez lourde sur un événement, et quel qu'il soit, il me semble que l'événement ne s'est pas écoulé, allant, du moment présent vers le futur, mais au contraire qu'à peine né l'instant qui va l'orienter, l'événement atteint son terme et reflue vers sa naissance à toute vitesse, et se tasse sur lui-même. Si vous voulez, les premiers Français en 1830 bombardant Alger se bombardaient d'Alger vers 1800. Des événements naissent ainsi, spontanément, et crèvent au même moment du même mouvement mais crèvent si vite que leur fin se retournant, les ramène un peu avant le bruit qui a marqué leur naissance. (*OC* vi.229)

Apparentés aux mythes, les événements que décrit Genet fonctionnent comme des allégories qui ont pour but d'exprimer une vérité éternelle. Comme les mythes, ils n'ont ni commencement ni fin, ils forment un ensemble compact, global. "Ils ont la dureté d'un galet", écrit Genet (*OC* vi.229). Je compare la temporalité chez Genet à la temporalité cyclique, récurrente, propre au mythe. Et pourtant, Genet ne serait pas satisfait de cette comparaison. Le théâtre devrait être tout à fait en dehors du temps. Aboli, le temps nous présenterait alors la succession des événements comme un ensemble compact, global, semblable aux peintures de Bosch qui nous offrent le cycle de la vie et de la mort, de la réalité et de la fantaisie comme une vision coexistante qu'il faut appréhender dans l'immédiat. Et pourtant, la nature de l'acte théâtral fait que les événements ne peuvent être présentés simultanément, et donc, le dramaturge doit avoir recours à une structure cyclique: "...les écrivains de théâtre découvriront les vertus propres au théâtre, et qui, peut-être, ne relèvent que du mythe", écrit Genet dans *L'Étrange Mot d'...* (*OC* iv.23).

Retournons aux pièces écrites après *Saint Genet* et rappelons leur dénouement. "Le Balcon" est le nom d'une maison de prostitution, une maison d'illusions où les clients jouent les grands rôles de la société: Juge, Général, Evêque. Une révolte est déclenchée au cours de laquelle la Reine et les autres représentants du pouvoir meurent. Ceux qui jouent ces rôles dans la maison de passe les remplacent jusqu'à ce que la rébellion soit arrêtée. S'avouant vaincu, le chef des révoltés va au bordel, demande à jouer le rôle de Chef de Police, et se châtre. Rien n'a changé, sauf le fait que le rôle de chef de police est maintenant incorporé au répertoire du bordel. Dans *Les Nègres*, nous assistons à la représentation d'un faux crime (l'assassinat d'une femme blanche) devant une fausse Cour Blanche (jouée par des acteurs noirs). Nous apprenons, à la fin de la pièce, que ce meurtre imaginaire n'est qu'un leurre qui a pour fonction de nous détourner de l'action qui a lieu derrière la scène, le combat réel des Nègres contre les Blancs. Avant que le rideau ne tombe, Village, le personnage qui joue le rôle de l'assassin, et Vertu, la prostituée noire, expriment le désir de trouver une nouvelle façon d'aimer, un nouveau langage où la négritude ne soit plus définie selon des critères établis par les Blancs:

> Vertu: Tous les hommes sont comme toi. Ils imitent.
> Tu ne peux pas inventer autre chose? (*OC* v.156)

Village répond que pour elle, il ferait l'impossible, mais qu'il est difficile d'inventer de nouvelles expressions d'amour. Et Vertu de répliquer ironiquement: "Ce qui est sûr, au moins, c'est que tu ne pourras pas enrouler tes doigts dans mes longs cheveux blonds..." (*OC* v.156).

La recherche d'une négritude qui ne représente plus ce qui est négatif n'aboutit pas à la création d'un nouveau langage, mais à un renversement de signes. Ceci est rendu explicite dans les mots que Féli-
cité adresse à la reine blanche:

> Félicité: Pour vous, le noir était la couleur des curés, des croque-morts
> et des orphelins. Mais tout change. Ce qui est doux, bon, aimable et
> tendre sera noir. Le lait sera noir, le sucre, le riz, le ciel, les colombes,
> l'espérance, seront noirs—l'opéra aussi, où nous irons, noirs dans des
> Rolls noires, saluer des rois noirs, entendre une musique de cuivre sous
> les lustres de cristal noir... (*OC* v.143)

Dans ce passage, le noir n'est défini que par rapport au blanc: ici,
tout changement n'est en fait qu'un échange. La révolution chez Genet
ne touche que le signifiant: le signifié demeure le même. Et donc,
les Nègres continueront à jouer le jeu des Blancs, eux aussi iront à
l'opéra dans leurs Rolls et danseront au son du *Don Juan* de Mozart.
Encore une fois, rien n'a changé: tout au plus s'agit-il d'assigner de
nouveaux termes aux rôles existants. Aucune révolution véritable n'a
eu lieu: les acteurs ont changé, mais on joue toujours la même pièce.

Dans *Les Paravents*, nous trouvons l'expression la plus radicale du
nihilisme de Genet: Saïd est l'anti-héro dont la vie n'est qu'une longue recherche de la négation pure. Son adhésion au mal ne peut être
justifiée en tant que résultat de la lutte pour un meilleur monde comme
dans le cas des arabes qui commettent des atrocités pour une cause.
Saïd ne travaille pour personne. Ses actes sont des actes solitaires qui
visent la négation absolue. Quand il meurt, il ne laisse rien: il disparaît tout simplement, ne laissant aucune trace derrière lui. Il n'entre
même pas dans le royaume des morts, car les morts qui traversent
les paravents continuent à vivre, tandis que Saïd semble être par-
venu à l'état d'autodestruction que Genet, dans une interview avec
Playboy, avouait rechercher[8].

Les Paravents est la pièce qui réalise le mieux les théories soutenues
par Genet dans *L'Etrange Mot d'*.... L'omission du mot "urbanisme"
du titre de cet essai met en question sa signification. Le mot "urbanisme" se réfère à l'ensemble des mesures qui ont pour but de promouvoir le développement harmonieux et rationnel des aggloméra-
tions. Le choix de ce mot qui fonctionne comme centre de cet essai
sur le théâtre semblerait indiquer que, pour Genet, le théâtre n'est

---

[8] "A candid conversation with the brazen, brilliant author of *The Balcony* and *The
Blacks*, self-proclaimed homosexual, coward, thief and traitor" (*Playboy*, avril 1964).

pas un simple passe-temps, mais un style de vie. D'autre part, sa flagrante suppression impliquerait que Genet, lorsqu'il projette le rôle du théâtre dans la ville, n'envisage pas celui-ci comme relation harmonieuse, mais cherche plutôt à jeter le trouble. Nous sommes si préoccupés de la vie, écrit Genet, que nous avons expulsé les morts en dehors de la communauté, geste symptomatique du déclin du théâtre qui, pour lui, est inséparable de la mort. Aussi Genet fait-il cette demande:

> Aux urbanistes futurs, nous demanderons de ménager un cimetière dans la ville, où l'on continuera d'enfouir les morts, ou de prévoir un columbarium inquiétant, aux formes simples mais impérieuses, alors, auprès de lui, en somme dans son ombre, ou au milieu des tombes, on érigera le théâtre. (*OC* IV.9-10)

Certaines exigences de Genet rappellent celles du théâtre de la cruauté: il recommande les expériences extrêmes comme la violence, l'érotisme, la folie ou la mort. Comme Artaud, Genet nous exhorte à dépasser le monde visible et à nous engager dans une expérience métaphysique. Le théâtre doit être un rite sacré, une fête, un mystère religieux. Pour entrer dans ce monde sacré, il faut avoir recours à des expédients tels que "la veille, le jeûne, la prière, une tentative de suicide ou d'assassinat", il faut être extenué, "sur le point de perdre son âme dans la mort ou la folie" (*OC* IV.258). Et pourtant, quelle révélation entraîne tout ceci? Genet nous dit: "rien", si ce n'est la révélation du vide.

> Mais enfin le drame? S'il a, chez l'auteur, sa fulgurante origine, c'est à lui de capter cette foudre et d'organiser, à partir de l'illumination qui montre le vide, une architecture verbale—c'est-à-dire grammaticale et cérémoniale—indiquant sournoisement que de ce vide s'arrache une apparence qui montre le vide. (*OC* IV.13)

L'architecture verbale que Genet a créée n'existe donc que pour nous montrer le vide fondamental de l'existence humaine. Dans une lettre à Roger Blin, Genet écrit au sujet des *Paravents*:

> Les pièces, habituellement, dit-on, auraient un sens: pas celle-ci. C'est une fête dont les éléments sont disparates, elle n'est la célébration de rien. (*OC* IV.223)

Il n'est donc pas surprenant que Genet adresse *Les Paravents* aux morts: "...la fête, si limitée dans le temps et l'espace, apparemment destinée à quelques spectateurs, sera d'une telle gravité qu'elle sera aussi destinée aux morts" (*OC* iv.221). Mais qui sont ces morts auxquels Genet dédie sa pièce? Pour Sartre, ce serait peut-être les bourgeois conformistes qui refusent de voir que le monde actuel est inacceptable. Mais ces morts représentent aussi tous ceux qui perçoivent, comme Genet, que le monde n'est qu'un vide dont les métamorphoses infinies ne cessent de nous captiver.

Illusionniste, Genet n'a construit son architecture compliquée, n'a recréé les manifestations éblouissantes de la vie que pour les dépouiller, les annuler et faire apparaître le vide. La mise à nu des ornements de la vie, l'écroulement de l'architecture verbale s'obtiennent au moyen de deux actes révélateurs: le crime et la révolution. L'objectif de ces deux actes est précisément d'éliminer l'existant, et donc, dans un certain sens, ces deux actes reflètent tout le projet de Genet: montrer le vide, le néant qui, selon lui, constitue le fondement de l'être.

Pour Genet, le théâtre, c'est la révolution. Mais la révolution comprise non pas dans le sens d'une transformation complète et soudaine de l'ordre socio-politique, mais dans le sens premier de mouvement orbital autour d'un centre, ce centre étant le vide autour duquel tout tourne. Pour Genet, la révolution est le seul acte qui n'a pas de fin, qui n'est pas encore mort. La révolution est le principe moteur de tous les événements, principe éternel, lié à la vie. Il nous faut distinguer entre les deux significations du mot: la révolution comme événement spécifique dans le temps, qui est un concept fini, et la révolution dans le sens plus large de mouvement répétitif autour d'un centre, et qui est infini. Tandis que la plupart des révolutions, la révolution algérienne, par exemple, forment un tout compact, global, avec un commencement et une fin, et sont, pour Genet, des événements morts, la Révolution Française, qui, pour lui, illustre la lutte perpétuelle pour la liberté qui n'aboutit qu'au même et à la révélation du vide, n'a pas de fin. "La Révolution Française, dans 'mon' histoire", écrit Genet, "ne s'est pas encore refermée sur elle-même" (*OC* iv.229).

Selon Genet, il faut faire revivre le théâtre, ce lieu privilégié où se joue le dévoilement du vide, car c'est peut-être le seul acte authentique qu'il nous reste. Et pourtant, comme ces cimetières qui finissent par dépérir, le théâtre finira peut-être lui aussi par mourir.

> Il est possible que l'art théâtral disparaisse un jour. Il faut en accepter l'idée. Si un jour l'activité des hommes était jour après jour révolutionnaire, le théâtre n'aurait pas sa place dans la vie. Si un engourdissement de l'esprit un jour ne suscitait chez les hommes que la rêverie, le théâtre mourrait aussi. (*OC* iv.16)

Dans un monde devenu tout à fait révolutionnaire ou, dans le cas contraire, si l'homme, devenu apathique, abandonnait toute activité révolutionnaire, le théâtre n'aurait plus de raison d'être. Car alors il deviendrait superflu, ayant perdu son pouvoir qui est de nous troubler.

Dernière oeuvre théâtrale de Genet, *Les Paravents* est une pièce qui retrace l'ascèse de Saïd dans l'abjection, une pièce sur la mort. Eléments du décor, ces paravents marquent le passage de la vie à la mort: chaque fois qu'un personnage meurt il crève le paravent. Genet insiste, dans ses notes, sur l'odeur de pourriture qui se dégage de la pièce: "...Il faudrait qu'à la sortie, les spectateurs emportent dans leur bouche ce fameux goût de cendre et une odeur de pourri" (*OC* IV.224). Et, dans la fameuse scène qui fit scandale, celle des bouchons de liège, les soldats saluent leur chef mort en lui donnant à respirer l'air du pays en expulsant "les vents" qu'ils portent en eux[9].

Les "vents" des *Paravents* ne sont donc plus souffle de vie, souffle fécondant, mais flatulence, *flatus*, souffle, vent de déchet, de pourriture. Genet lui-même voulait que l'événement théâtral fut "une déflagration poétique", une décomposition brutale qui permit le passage de la vie à la mort (*OC* IV.222). Mais la pièce, qu'il jugea lui-même un échec dans une lettre à Roger Blin, fut une déflation, "un dégonflage comme celui d'une cornemuse qui se vide en émettant quelques sons que nous voulions croire attrayants, en nous accordant l'illusion que la mélodie achevée valait bien quelques pertes d'un gaz précieux" (*OC* IV.259). *Les Paravents* est la pièce qui va le plus vers le vide, l'anéantissement total de la vie: à sa mort, il ne restera plus rien de Saïd, car même sa survie dans une chanson est douteuse[10]. Et donc, si même la parole du vide devient, chez Genet, un échec pour traduire cette expérience, il ne lui reste plus qu'à garder un silence total. Les paroles qu'il écrivit quinze ans avant sa dernière pièce s'avèrent, après coup, prémonitoires: "Je meurs à la lettre".

[9] A Roger Blin, qui avait tenté de supprimer cette scène, Genet écrivit: "Et les pets? Je n'y renonce pas. Avez-vous renoncé à péter?" (*OC* IV.225).

[10] La question que pose la Mère: "Alors. Où est-il? Dans une chanson?" demeure sans réponse. Kadidja fait un geste dubitatif, et tous les personnages quittent la scène qui reste vide (*OC* V.375).

Appendice: Casier judiciaire des personnages genétiens

Dans l'oeuvre de Genet nous constatons trois catégories différentes d'assassins: d'une part nous avons les assassins "réels", ceux qui vécurent effectivement et ont une valeur quasi légendaire à l'intérieur de l'oeuvre; puis nous avons les assassins fictifs que Genet crée à partir de souvenirs de criminels qu'il connut; et enfin, nous avons les assassins imaginaires, fictifs ou réels, ceux qui projettent des crimes mais ne les réalisent pas. Nous donnons ici une liste des assassins "réels" qui se trouvent dans l'oeuvre ainsi qu'un "casier judiciaire" des principales figures criminelles coupables d'homicide.

I. Parmi les assassins "réels", nous trouvons:

Vacher l'Eventreur. Dans la dernière partie de son ouvrage sur Edgar Allen Poe, Marie Bonaparte note que "le chemineau Vacher avoua onze crimes sadiques, accomplis entre 1894 et 1897 et fut exécuté à Borg le 31 décembre 1898" (*Edgar Allen Poe. Etude psychanalytique* [Paris: Seuil, 1933], ii, 850).

Pilorge. Assassin que Genet connut effectivement et qui inspira une grande partie de son oeuvre. Dans la dédicace en tête de *Notre-Dame-des-Fleurs* Genet déclare que "Sans Pilorge dont la mort n'a pas fini d'empoisonner ma vie, je n'eusse jamais écrit ce livre. Je le dédie à sa mémoire". A l'âge de vingt ans, Pilorge tua son amant Escudero pour lui voler un peu d'argent.

Weidmann. La notoriété de cet assassin fut telle, dit Michel Foucault, qu'après son exécution en 1939, la peine capitale cessa d'être un spectacle accessible au public. La guillotine fut placée à l'intérieur de la prison et les rues y conduisant barrées (*Surveiller et punir* [Paris:

Gallimard, 1975], p. 21). Nous savons, d'après les indications que nous donne Genet, que Weidmann tuait toutes ses victimes de la même façon, en leur tirant une balle dans la nuque.

Clément Village. Genet nous le présente comme personnage réel, qui sert de modèle à la création de Serge Gorgui, dans *Notre-Dame-des-Fleurs.* En fait, nous ne sommes pas sûrs qu'il ne soit lui-même personnage fictif, né du souvenir d'Ange Soleil, noir qui, comme lui, tua sa maîtresse. Genet nous donne les détails suivants sur sa vie: Guadeloupin, danseur nu au Caprice Viennois. Village est un maquereau qui vit avec une hollandaise nommée Sonia. Au cours d'une scène où elle décide de le quitter, il la saisit par les pieds et lui fracasse la tête sur le montant du lit de cuivre. Pour cacher son cadavre, il le mure en forme de banc.

Hitler. Genet en fait la personnification de la mort et du mal. Son nom est mentionné plusieurs fois au cours de l'oeuvre, et, dans une scène de *Pompes funèbres* où l'on assiste à l'enterrement de l'enfant qu'a eu Jean Decarnin avec la bonne de sa mère, il apparaît sur un char. Dans ce même livre, Genet nous décrit sa liaison imaginaire avec Paulo, frère de Jean Decarnin.

II. La constitution d'un casier judiciaire des figures criminelles fictives coupables d'homicide nous donne les faits suivants:

A. Dans l'oeuvre romanesque:

1. *Notre-Dame-des-Fleurs*:

Adrien Baillon, dit Notre-Dame-des-Fleurs, né le 19 décembre 1920, fils de Lucie Baillon, de père inconnu. A l'âge de seize ans, pénètre dans l'appartement du sieur Ragon, Paul, âgé de soixante-seize ans, l'étrangle avec une cravate, et part avec vingt mille francs trouvés dans un vase. Exerce le commerce de la cocaïne, la prostitution homosexuelle, le cambriolage et le vol à l'étalage. Condamné à la peine capitale pour son crime.

Louis Culafroy, dit Divine, fils adoptif d'Ernestine Picquigny, veuve, dont le mari s'est suicidé en se jetant dans un fossé. 33 ans. Exerce la prostitution homosexuelle, le trafic de la cocaïne, le vol. Coupable d'avoir tué une petite fille de deux ans à qui il avait l'habitude de donner des bonbons quand elle lui rendait visite dans son appartement. Divine ayant détaché le treillage du balcon, la petite tombe et meurt. Pour ce crime, Divine reçoit trois mois pour homicide involontaire. Le motif du crime: tuer sa bonté. Divine meurt de phtisie.

2. *Miracle de la rose*:

Harcamone. Colon de Mettray où il entre à seize ans pour avoir tué une fillette de neuf ans qu'il avait violée. A sa sortie de Mettray où il était apprenti maçon, il se voue au crime. Condamné à la relègue pour son quatrième vol, il tue un gardien en lui tranchant la carotide et obtient la condamnation à mort. Harcamone n'a jamais été marle ou vautour, vivant solitaire, dès Mettray, où il se tenait à l'écart de tous: "...inaffectueux toujours, étranger, étant, le dimanche, coiffé d'un béret plat".

Villeroy. Frère aîné de la famille B, à laquelle appartient Genet, son vautour. Entre à Mettray après avoir tué son père, un charcutier.

Daniel. Meurtrier de la soeur Zoé, religieuse chargée de l'infirmerie, qui l'a traité durement, ce dont il se venge en la poussant dans un étang où elle se noie. Est responsable du vol de la montre et du tabac du surveillant. "Trois jours après", écrit Genet, "on découvrit dans une haie de lauriers son petit cadavre qui sentait déjà. Il était abandonné, dents découvertes, un oeil arraché, et percé de quatorze coups de tranchet" (*OC* ii.435).

Deloffre. Frère aîné de la famille à laquelle appartient Daniel. Ayant surpris le vol de Daniel, il lui demande, par une espèce de droit du seigneur, une part de son butin. Lorsque Daniel refuse, il le tue. Son crime n'est jamais découvert, et ce n'est que par hasard que Genet l'apprend de sa propre bouche.

3. *Pompes funèbres*:

Erik Seiler. Soldat allemand, amant du bourreau de Berlin. Genet le décrit ainsi: "Mais au fond que lui importait l'Allemagne! Il était entré dans les Hitlerjugend afin de posséder des armes: un couteau pour la parade, et pour le pillage un revolver. Il était comparable aux jeunes miliciens français dont l'âme s'exaltait de sentir dans leur veste un revolver chargé" (*OC* iii.51). Lui aussi pratique un type de vol: "Il pillait la France, expédiait en Allemagne des meubles dérobés aux musées, des tableaux, des tapis, des étoffes, de l'or... Avec une cruauté glacée il poursuivait son ascèse" (*OC* iii.89). Au cours d'une promenade dans un village de France, il tire son revolver et tue un enfant responsable d'avoir lancé une pierre qui avait frôlé accidentellement le bas de son pantalon. L'enfant jouait à lancer des pierres à un chien qui les lui rapportait.

Riton. Milicien que Genet aperçoit dans un documentaire et autour duquel il tisse l'aventure imaginaire qui compose *Pompes funèbres*. Après une scène atroce où, rongé par la faim, il tue un chat et le mange, il s'engage dans la milice et combat auprès d'Erik, dont il devient l'amant, et qu'il tue le jour de l'insurrection. Genet l'imagine responsable de la mort de Jean Decarnin.

4. *Querelle de Brest*:

Georges Querelle. Marin, Querelle pratique le trafic de la drogue. Genet lui attribue cinq meurtres: celui d'une danseuse russe en Indochine; d'un vieil arménien à Beyrouth; d'un marin anglais, son complice; d'un docker allemand; et, finalement, celui de son complice Vic, qui l'aide à passer clandestinement dix kilos de "came", crime auquel nous assistons au début du roman. Querelle commet tous ses crimes de la même façon: il égorge ses victimes, puis leur tranche la carotide avec un couteau: "Il les fait saigner".

Gilbert Turko. Dix-huit ans, tempérament coléreux. Travaille comme maçon sur le chantier. Sous l'effet d'une intoxication alcoolique, tue Théo, son compagnon de travail, en lui tranchant la carotide avec une bouteille cassée. Théo était un pédéraste qui, n'ayant pu obtenir ses faveurs, le persécutait de ses railleries.

B. Au théâtre:

1. *Haute Surveillance*:

Boule de Neige. Assassin noir qui domine la prison. Espèce de Dieu caché, nous n'apprenons jamais la nature de son crime, mais sa condamnation à mort lui confère une espèce de royauté qui fait de lui "le vrai chef de toute la forteresse" (*OC* iv.184). Personnage qui préfigure Harcamone, l'assassin glorieux.

Yeux-Verts. Un des trois personnages qui partagent la cellule dans *Haute-Surveillance*. Se situe immédiatement au-dessous de Boule de Neige dans la hiérarchie criminelle, car lui aussi a tué. Son crime a quelques ressemblances avec celui de Harcamone: il séduit une fille, "aimantée" par la grappe de lilas qu'il tient entre ses dents et qu'il lui laissera dans les cheveux après l'avoir étouffée.

Lefranc. Compagnons de cellule de Yeux-Verts et de Maurice, son rival, qu'il tue pour atteindre la gloire et s'égaler à Yeux-Verts.

2. *Les Bonnes*:

Solange et Claire. Deux bonnes qui complotent le meurtre de leur maîtresse, mais ne parviennent pas à l'exécuter. A la fin de la pièce, c'est Claire, la plus jeune, qui, avec l'approbation de sa soeur, avalera le gardénal destiné à Madame.

Dans les dernières pièces de Genet, *Le Balcon*, *Les Nègres*, et *Les Paravents*, le meurtre ne figure plus comme thème important. Dans *Les Nègres*, nous avons seulement le faux meurtre d'une fille blanche par un Nègre.

Bibliographie

Oeuvres de Jean Genet

I. Oeuvre poétique

Chants secrets. Lyon: Marc Barbezat (L'Arbalète), 1945. Couverture ornée d'une lithographie d'Emile Picq. Quatre cents exemplaires. Contient: "Le Condamné à mort", "Dédicace à Maurice Pilorge", "Marche funèbre".

Poèmes. Lyon: Marc Barbezat (L'Arbalète), 1948. Contient: "Le Condamné à mort", "Marche funèbre", "La Galère", "La Parade", "Un Chant d'amour", "Le Pêcheur du Suquet".

Oeuvres complètes de Jean Genet. Paris: Gallimard, 1951-1953. 2 vols. Contient: "Le Condamné à mort" (II), "Un Chant d'amour" (II), "Le Pêcheur du Suquet" (III).

II. Romans

Miracle de la rose. Lyon: Marc Barbezat (L'Arbalète), 1946. 475 exemplaires.

Our Lady of the Flowers. Paris: Paul Morihien, 1949. Version originale. Traduction anglaise de Bernard Frechtman. 500 exemplaires.

Notre-Dame-des-Fleurs. Paris: Gallimard, 1951. In *Oeuvres complètes de Jean Genet*, II. Daté "Prison de Fresnes, 1943". Version révisée.

Miracle de la rose. Paris: Gallimard, 1951. In *Oeuvres complètes de Jean Genet*, II. Daté "La Santé Prison de Tourelles, 1943".

Pompes funèbres. Paris: Gallimard, 1953. In *Oeuvres complètes de Jean Genet*, III. Version révisée.

Querelle de Brest. Paris: Gallimard, 1953. In *Oeuvres complètes de Jean Genet*, III. Version corrigée.

III. *Autobiographie*

Journal du voleur. Paris: Gallimard, 1949.

IV. *Théâtre*

Le Balcon. Paris: Gallimard, 1968. In *Oeuvres complètes de Jean Genet*, iv.
Les Bonnes. Paris: Gallimard, 1968. In *Oeuvres complètes de Jean Genet*, iv.
Haute-Surveillance. Paris: Gallimard, 1968. In *Oeuvres complètes de Jean Genet*, iv.
Les Nègres. Pour jouer les Nègres. Clownerie. Lyon: Marc Barbezat (L'Arbalète), 1960. 33 photographies d'Ernest Scheidegger prises au théâtre de Lutèce.
_____. *Oeuvres complètes de Jean Genet*, v.
Les Paravents. Décines: Marc Barbezat (L'Arbalète), 1961. Précédé de "quelques indications".
_____. *Oeuvres complètes de Jean Genet*, v.

V. *Autres écrits*

L'Enfant criminel. 'Adame Miroir. Paris: Editions Paul Morihien, 1949.
_____. *Oeuvres complètes de Jean Genet*, v.
L'Atelier d'Alberto Giacometti. Décines: Marc Barbezat (L'Arbalète), 1963. Photographies d'Ernest Scheidegger.
_____. *Oeuvres complètes de Jean Genet*, v.
Ce qui est resté d'un Rembrandt déchiré en petits carrés bien réguliers, et foutu aux chiottes. Paris: Gallimard, 1968. In *Oeuvres complètes de Jean Genet*, iv.
Comment jouer "Le Balcon". Paris: Gallimard, 1968. In *Oeuvres complètes de Jean Genet*, iv.
Comment jouer "Les Bonnes". Paris: Gallimard, 1968. In *Oeuvres complètes de Jean Genet*, iv.
L'Etrange Mot d'.... Paris: Gallimard, 1968. In *Oeuvres complètes de Jean Genet*, iv.
Lettres à Roger Blin. Paris: Gallimard, 1968. In *Oeuvres complètes de Jean Genet*, iv.

VI. *Interviews, etc.*

Interview avec *Playboy*. Avril 1964.
May Day Speech. San Francisco: City Lights, 1970. Description par Allen Ginsberg.

Ouvrages consultés

Abraham, Karl. *Oeuvres complètes*, ii. Paris: Payot, 1966.
Bataille, Georges. *La Part maudite*. Paris: Editions de Minuit, 1967.
_____. *L'Erotisme*. Paris: Minuit (10/18), 1970.
_____. *La Littérature et le mal*. Paris: Gallimard (Idées), 1972.
Beauvoir, Simone de. *La Force de l'âge*. Paris: Gallimard, 1960.

Bhagavad-gita as It Is. London: Collier Macmillan, 1972.

La Bible de Jérusalem. Paris: Editions du Cerf, 1975.

Bonaparte, Marie. *Edgar Allen Poe. Etude psychanalytique*. Paris: Editions Denoël et Steele, 1933. Préface de Sigmund Freud.

Brooks, Peter, et Joseph Halpern, éds. *Genet: A Collection of Critical Essays*. New Jersey: Prentice-Hall, 1979.

Cetta, Lewis T. *Profane Play, Ritual and Jean Genet: A Study of His Drama*. Alabama: University of Alabama Press, 1974.

Choukri, Mohamed. *Jean Genet in Tangier*. New York: The Ecco Press, 1974.

Cocteau, Jean. *La Difficulté d'être*. Monaco: Editions du Rocher, 1953.

Coe, Richard. *The Vision of Jean Genet*. New York: Grove Press, 1968.

_____. *The Theatre of Jean Genet: A Casebook*. New York: Grove Press, 1970.

De Greeff, Etienne. *Introduction à la criminologie*. Louvain: Editions Lecrou, 1937.

Derrida, Jacques. *L'Ecriture et la différence*. Paris: Editions du Seuil, 1967.

_____. *La Dissémination*. Paris: Editions du Seuil, 1972.

_____. "Signature événement contexte", *Marges*. Paris: Editions de Minuit, 1972.

_____. *Glas*. Paris: Editions Galilée, 1974.

Dort, Bernard. "Le Jeu de Genet: *Les Nègres*". *Les Temps Modernes*, 15 (1959-1960), 1875-84.

Driver, T.F. *Jean Genet*. New York: Columbia University Press, 1966.

Esslin, Martin. *The Theatre of the Absurd*. New York: Doubleday Anchor, 1961.

Fontanier, Pierre. *Les Figures du discours*. Introduction de Gérard Genette. Paris: Flammarion, 1968.

Foucault, Michel. *Surveiller et punir*. Paris: Gallimard, 1975.

Freud, Sigmund. *La Science des rêves*. Traduit de la 7e édition allemande par I. Meyerson. Paris: Félix Alcan, 1926.

_____. *Essais de psychanalyse appliquée*. Tr. Marie Bonaparte et E. Marty. Paris: Gallimard, 1933.

_____. *On Narcissism: An Introduction*. Standard Ed. Vol. xiv.

_____. *Three Essays on Sexuality*. Standard Ed. Vol. vii.

Genette, Gérard. *Figures iii*. Paris: Seuil, 1972.

Gide, André. *Les Caves du Vatican*. Paris: Gallimard, 1969.

Girard, René. *Mensonge romantique et vérité romanesque*. Paris: Bernard Grasset, 1961.

_____. *La Violence et le sacré*. Paris: Bernard Grasset, 1972.

Goldmann, Lucien. "Une Pièce réaliste: *Le Balcon* de Jean Genet". *Les Temps Modernes* 15 (juin 1960), 1885-93.

_____. "Le Théâtre de Jean Genet et ses études sociologiques". *Cahiers Renaud-Barrault*, no. 57. Paris: Gallimard, 1966.

_____. "Microstructures dans les 25 premières répliques des *Nègres* de Jean Genet". *Modern Language Notes* 82.5 (1967), 537-48.

Grossvogel, David. *Four Playwrights and a Postscript: Brecht, Ionesco, Beckett and Genet.* Ithaca: Cornell University Press, 1962.

Guicharnaud, Jacques. *Modern French Drama from Giraudoux to Beckett.* New Haven: Yale University Press, 1961.

Hegel, G.W.F. *La Phénoménologie de l'esprit.* Tr. Jean Hyppolite. Paris: Aubier, 1939.

Heidegger, Martin. *L'Etre et le temps.* Tr. Rudolf Boehms et Alphonse de Waelhens. Paris: Gallimard, 1964.

Hesnard, A.M. *Psychologie homosexuelle.* Paris: Librairie Stock, 1929.

_____. "La Culpabilité d'avant la faute". Comité National d'Action contre le Crime et la Délinquance, 1950.

_____. *Psychologie criminelle.* Paris: Payot, 1963.

Klein, Melanie. *Our Adult World and Its Roots in Infancy.* London: Tavistock Publications, 1962.

Knapp, Bettina L. *Jean Genet.* New York: Twayne, 1968.

Lagache, Daniel. *Le Psychologue et le criminel.* Paris: Presses Universitaires de France, 1979.

Magnan, Jean-Marie. *Pour un blason de Jean Genet.* Paris: Editions Seghers, 1966.

McMahon, Joseph. *The Imagination of Jean Genet.* New Haven: Yale University Press, 1963.

Millett, Kate. *Sexual Politics.* New York: Doubleday, 1970.

Obliques, 2. Ed. Roger Borderie et Henri Ronse. Paris: 1972. Numéro spécial sur Genet.

Ortega y Gasset, José. *El amor en Stendhal.* Madrid: Revista de Occidente, 1947.

Platon. *Oeuvres complètes*, I, II. Paris: Gallimard, 1950.

Poètes du seizième siècle. Paris: Gallimard, 1953.

Proust, Marcel. *Sodome et Gomorrhe* in *A la recherche du temps perdu.* Paris: Gallimard, 1949.

Sartre, Jean-Paul. "Un Nouveau Mystique", *Situations I.* Paris: Gallimard, 1943.

_____. "La Recherche de l'absolu", *Situations III.* Paris: Gallimard, 1947.

_____. *Esquisse d'une théorie des émotions.* Paris: Hermann, 1948.

_____. *L'Etre et le néant.* Paris: Gallimard, 1948.

_____. *Qu'est-ce que la littérature?* in *Situations II.* Paris: Gallimard, 1948.

_____. "La Peinture de Giacometti" in *Les Temps Modernes*, juin 1954.

_____. *Saint Genet, comédien et martyr.* In *Oeuvres complètes de Jean Genet*, I. Paris: Gallimard, 1970.

_____. *Les Mots.* Paris: Gallimard, 1969.

Serres, Michel. *Le Parasite.* Paris: Grasset, 1980.

Teresa, Santa. *Obras.* Barcelona: Editorial Vergara, 1961.

Thody, Philip. *Jean Genet.* New York: Stein and Day, 1969.

Tulane Drama Review, no. 7 (1962). Numéro spécial consacré à Genet.